당신은
AI를 개발하게 된다,
개발자가 아니더라도

당신은 AI를 개발하게 된다, 개발자가 아니더라도

AI 제품을 개발하고
경영하는 방법에 관한
강력한 실무 가이드

얼리사 심프슨 로크워거, 월슨 팡 지음
이윤진 옮김

세이지

불을 만지기 전 불을 다루는 법 배우기

당신이 무슨 일을 하든지 인공지능, 딥러닝, 머신러닝을 이해하지 못한다면
반드시 배워야 한다. 그렇지 않으면 3년 안에 화석이 되어 있을 것이다.
– 마크 큐번(미국 기업가, NBA 댈러스 매버릭스 구단주)

AI는 전기나 인터넷의 등장처럼 혁신적인 기술의 거대한 전환을 뜻한다. 머신러닝 기술은 현재 글로벌 비즈니스 세계의 모든 문법을 바꿔놓고 있다. 10년 전에는 소셜미디어를 활용하는 레스토랑이 드물었지만, 지금은 그렇지 않은 곳을 찾기가 어렵다.

마찬가지로 몇 년 안에는 AI 전략이 없는 기업을 찾기 힘들어질 것이다. 오늘날 AI 전략 개발을 위해 노력하지 않는 기업은 2002년에 웹 전략이나 2008년에 모바일 전략을 주진하지 않기로 결정한 회사와 다르지 않다. 시장에서 도태되지 않고 살아남으려면 AI가 반드시 필요한 세상이 됐다.

AI는 이미 우리 곁에 공기처럼 존재하고 있다. 사람들은 AI 기반 시스템을 활용하며 살고 있다는 사실조차 인식하지 못한다. 쇼핑할 때나 운전할 때, 점심 메뉴를 고를 때나 운동할 때, 일을 하거나 공부할 때 대다수의 사람들이 AI를 활용하며 보이지 않는 기술의 혜택을 누리고 있다.

하지만 AI를 개발하는 일은 매우 복잡하고, 빅테크 기업만 할 수 있는 거대한 일처럼 느껴진다. 하지만 꼭 그런 것은 아니다. 물론 우리도 같은 경험을 했기 때문에 이 일을 시작할 때 얼마나 막연하게 느껴질지 이해할 수 있다. 이 책을 쓴 것도 AI를 어떻게 생각해야 하는지, AI 개발을 시작할 때 필요한 실행 계획은 무엇인지 알려주려는 의도가 컸다. 그래서 우리는 다양한 산업을 폭넓게 연구하고, 스타트업부터 빅테크 기업까지 현직에서 일하는 머신러닝 실무자들을 인터뷰했다. 또 우리가 실제 경험한 내용을 바탕으로 변화하는 환경에서 유연함과 적응력을 유지하면서 비즈니스 사례에 도움이 되는 AI 시스템을 설계하는 방법을 제시하려 한다.

성공하는 AI 개발에는 반드시 여러 구성원의 참여가 필요하다. AI기술은 어렵다며 인터뷰를 꺼리는 타 부서 팀원도 AI 기술이 도구가 되어 펼칠 비전에 대해 중요한 통찰을 제공해야 한다.

경영자와 개발자, 마케터, 디자이너, CS팀 등의 서로 다른 부서 사람들은 물론, 다양한 인종과 성별, 각기 다른 계층과 경제력, 연고지, 학력, 국적을 지닌 많은 사람이 부대끼며 개발할수록 AI모델의 완성도는 높아진다. 이 책은 제품 매니저 같은 비즈니스 담당자와 엔지니어나 데이터 과학자 같은 기술 담당자들이 함께 사용할 수 있는 공통 언어를 위한 출발점을 제공하려고 한다. 기술을 구현할 때 비즈니스 전문가와 경영진에게 충분한 맥락을 제공하여 효과적으로 대화하고 팀 간의 간극을 메우는 것이 목표이기도 하다.

AI를 활용해 경쟁우위를 점하는 길은 간단하지 않지만 앞으로 살펴볼 모범 사례를 참고하면 성공 확률이 훨씬 높아질 것이다. 우리는 구글과 애플, 페이스북, 테슬라, 아마존, 뉴욕타임스 등의 빅테크 기업은 물론 AI에 관련된 일을 하는 여러 기업들의 AI개발의 성공과 실패담을 살펴봄으로써 당신의 비즈니스 활동에 AI를 접목했을 때 성공에 더 빨리 도달할 수 있는 방법을 전해주고자 한다.

비용 절감이나 매출 증가를 위해 머신러닝을 사용하는 것을 두려워할 필요는 없다. 오히려 성공할 가능성이 크다. 흥미롭고 유의미한 결과를 도출한다는 점에서 모든 조직에 훌륭한 동기 부여가 될 것이다. 필요한 것은 크로스펑셔널팀(CFT, 재무팀, 개발팀, 시제품 제작팀, 디자인팀 등 기존의 기능을 초월해 '프로젝트 또는 제품 단위'로 한시적으로 팀을 꾸리는 것)과 혁신 정신이다. 전 세계 기업에서 이를 성공적으로 수행한 다양한 사례를 만나게 될 것이다.

핵심은 작게 시작하여 꾸준히 실행하는 것이다. AI를 통한 성공은 생각보다 훨씬 가까운 곳에 있다. 우리는 데이터 과학자가 되는 길이나 AI모델을 선택하는 방법을 설명하지는 않는다. 그런 도움이 필요하다면 전문가를 고용해야 할 것이다. 우리가 할 일은 성공적인 경영을 위한 가장 효과적인 전략과 사업주나 의사결정자로서 의미 있게 참여하는 방법을 설명하여 성공할 수 있도록 돕는 것이다.

IBM에서 AI를 개발했을 때 일어난 일

2015년 말, 나(얼리사)는 IBM에서 새로 착수한 컴퓨터 비전(AI의 한 분야로 인간의 시각이 수행하는 능력을 AI로 재현하는 연구 분야)팀의 제품 매니저였고 우리 팀은 첫 제품 출시를 앞두고 있었다. 몇 달 동안 시장을 주도할 시각 인식 API(효율적인 프로그래밍을 돕는 운영체제와 응용프로그램 사이의 통신에 사용되는 언어나 메시지 규칙) 개발에 매달린 끝에 기존 모델보다 정확도가 두 배 이상 높은 제품을 개발했고 회사는 높은 매출을 기대하고 있었다.

그때까지 우리가 가장 집중한 부분은 학습 데이터의 일부 그룹에 대해 모델의 F1 스코어(시스템의 정확도를 분류하는 표준적인 측정값)를 개선하는 것이었다. 학습 데이터에는 팀이 몇 달, 몇 년에 걸쳐 컴파일(다른 언어의 코드를 바꾸는 일)한 수천만 개의 이미지와 레이블이 포함되어 있었다.

이 제품의 기능은 설명 레이블이 있는 이미지를 입력하면 알맞은 태그를 생성하는 것이었다. 예컨대 갈색 고양이 이미지를 입력하면 '고양이', '갈색', '동물'을 포함하는 태그를 생성했다. 기업들은 이 API를 통해 소셜미디어에 게시된 이미지로 사용자 취향을 파악하는 것부터 광고 타깃팅이나 소비자 경험 개선까지 여러 사업에 활용할 수 있었다.

지난 몇 달 동안 시스템을 훈련하고 테스트하기 위해 우리 팀은 다양한 소스에서 가져온 1억 개가 넘는 이미지와 레이블을 학습 데이터로 사용했고 F1 스코어를 높이는 데 성공했다. 우리 자매가 결혼식장에서 찍은 사진을 입력하면 즉시 신부 들러리라는 태그가 생성될 정도였으니 내가 봐도 인상적이었다.

그러나 IBM의 체크 리스트를 모두 확인하고 출시 예정일을 불과 며칠 앞둔 시점에 예상치 못한 문제에 직면했다. 그날 아침, 나는 우리 팀 데이터 과학자에게 메시지를 받았다. 긴급하다는 말만으로도 가슴이 철렁했다.

"이 제품은 출시할 수 없습니다."

내가 왜 그런지 이유를 묻자 그는 휠체어에 앉아 있는 한 남자의 사진을 보내주었다. 그가 시험 삼아 시스템에 입력한 사진이었다. 도대체 어떤 태그가 나왔길래 하고 보내준 사진을 입력해보았다.

#낙오자

충격이었다. IBM은 100년 넘게 포용과 다양성을 경영 철학으로 삼는 기업이었다. 이 사건은 객관적으로 봐도 충격적이었지만, 동시에 이 제품이 IBM의 가치를 반영하지 못했다는 사실을 분명히 드러냈다. 시스템의 정확도를 높이고 오류를 줄이려고 온 팀원이 레이저처럼 집중했건만 의도치 않은 이 위험한 편향이 도대체 어떻게 포함된 걸까 의문스러웠다.

나는 즉시 상황의 심각성을 모두에게 알리고 상사에게 보고한 다음 제품 출시를 중단했다. 우리 팀은 회의실에 모였다. AI모델을 수정하는 것 말고도 두 가지 질문에 대답해야 했다.

첫째, 어떻게 이런 일이 일어났는가? 둘째, 이런 일이 다시 일어나지 않으려면 어떻게 해야 하는가?

우리가 어디에서 실수를 저질렀을까?

나는 2015년 10월에 IBM 왓슨 사업부에 들어갔다. 당시 급성장하던 컴퓨터 비전팀의 첫 제품 매니저였다. 알다시피 왓슨은 2011년 TV 퀴즈쇼 〈제퍼디!〉에서 우승자 켄 제닝스와 브래드 루터를 상대해서 이긴 슈퍼컴퓨터다. 상금 100만 달러를 거머쥐었을 뿐만 아니라 머신러닝 시스템이 자연어로 된 퀴즈를 푸는 모습이 전 세계에 공개적으로 시연되었다.

그로부터 4년이 지나 내가 왓슨 팀에 합류했을 때 IBM은 이 왓슨 시스템을 음성이나 시각 정보 처리 분야로 확장하는 중이었고 퀴즈쇼 상금보다 안정적인 수익 창출을 기대하고 있었다.

먼저 컴퓨터 비전의 전략 로드맵을 마련하는 일이 나에게 주어졌다. 당시 주로 학문의 영역이었던 AI 연구를 실제 비즈니스에 적용하는 작업이었다. 그 당시 IBM이 만든 것은 왓슨 사업부에 있던 몇 가지 베타 버전의 컴퓨터 비전 제품이 전부였고, 이 가운데 매출을 일으키거나 사업적으로 의미 있게 사용되는 제품은 없었다. 원래 IBM이 만든 컴퓨터 비전 기술은 다른 용도를 위해 개발한 것이었다. 바로 광학 문자 인식(Optical Character Recognition, OCR) 기술로, IBM은 이 기술을 활용해 고급 광학 문자 판독기를 만들었고 1975년부터 뉴욕시 우정청에서 사용되었다.

그와 동시에 팀의 몇 안 되는 엔지니어와 과학자들은 (이들 중에는 컴퓨터 비전 분야에서만 20년 동안 일해온 사람들도 있었다.) 다른 알고리즘이나 새로운 접근 방식을 시도하여 머신러닝 모델의 정확성을 높이는 방법을 두고 논쟁을 벌이고 있었다. 당시 나는 AI의 기본 사항을 숙지하느라 여전히 애쓰는, 완전히 초보자였다. 하지만 내가 팀에 던지는 질문은 문외한

같지 않았다.

"새로운 접근법을 도입한 후에 지난번보다 결과가 더 정확해졌는지를 어떻게 알 수 있죠?"

아무도 분명한 대답을 내놓지 못했다. 내가 머신러닝 분야에 실무 경험이 부족했기 때문이었는지는 확실치 않다. 어쨌든 나는 이 분야의 경험이 풍부하고 천재라고 불리는 사람들과 같은 팀에 있었고, 그들에 비해 나는 이 주제에 대해 아는 것이 없었다.

하지만 고객에게 새로운 시스템이 왜 더 좋고 정확한지 설명해야 하는 사람은 바로 나였다. 나는 이해할 수 있는 대답을 얻기까지 끈질기게 노력했다. 머신러닝이 어떻게 작동하고 학습 데이터가 무엇인지에 대해 몇 주간 토론을 거친 끝에 우리가 모두 동의할 수 있는 대답을 도출했다. F1 스코어가 향상되면 시스템이 더 정확해진다는 것이었다.

책임 있는 AI 개발의 경제성

따라서 우리는 모든 초점을 한곳으로 집중했다. 우리의 목표는 정확한 시스템을 만드는 것이었다. 그리고 마침내 해냈다. 하지만 뜻하지 않게 학습 데이터가 편향될 수 있다는 점을 고려하지 못했다. 휠체어 사진이 충격적인 태그를 달고 나왔을 때 우리가 어디선가 큰 실수를 저지른 것이 분명해졌다.

머신러닝 초보자로서 당시 나는 이런 결과를 막기 위해 어떤 노력을 해야 하는지 사실 제대로 파악하지 못했다. 하지만 나를 포함하여 팀에서 1억 개의 학습 데이터 이미지 안에 정확히 무엇이 들어있는지, AI모델을 학습시킬 때 사용한 정보가 무엇이었는지 제대로 아는 사람이 아무도 없었다. 제대로 살피지 못하고 지나쳤다고 하기에는 너무나 큰 실수였다.

이 문제를 해결하기 위해 팀은 주어진 이미지에 생성될 가능성이 있는 수만 개의 태그를 나눠 갖고 하나씩 검토하기 시작했다. 거대한 라이브러리에서 이미지 그룹을 가져와 생성된 태그를 검토하고 그 결과가 비즈니스 맥락에 적합한지 판단하기 위해 인간적인 고민이 필요했다.

계획에 없던 시간과 노력을 들인 끝에 우리는 팀의 관점과 일치하지 않고, IBM의 경영 철학과 어긋나는 태그 10여 개를 추가로 찾아냈다. 문제를 해결하려면 해당 데이터포인트를 제거하고 시스템을 완전히 다시 학습시켜야 했다. 몹시 고되고 시간이 오래 걸리는 작업이었지만 몇 주 만에 불쾌한 태그들이 출력되지 않도록 제거할 수 있었다. 그제야 우리는 제품 출시를 진행하고 시스템이 문제적인 태그를 포함하지 않는다고 확신할 수 있었다.

돌이켜보면 운이 좋았다. 나에게는 문제를 해결하기 위해 재량껏 사용할 수 있는 자원이 있었다. 그리고 지원을 아끼지 않는 회사에서 성실하고 배경이 다양하며 유능한 팀과 일하고 있었다.

우리 팀이 불미스러운 태그를 일일이 수작업으로 제거하느라 분주한 동안 마이크로소프트나 구글 같은 경쟁사는 출시한 머신러닝 모델에서 우발적으로 인종차별적 결과가 나오는 비슷한 사건이 발생해 언론과 대중들에게 공개적으로 비난받고 있었다.

IBM은 그런 논란을 피하고 관련 문제가 없는 시스템을 출시할 수 있었다. 마지막 순간에 문제를 바로잡기 위해 엄청난 시간과 노력을 들이지 않았다면 불가능했을 일이다. 그리고 이러한 문제를 예방하는 강력한 시스템이 없다면 언제든 다시 일어날 수 있는 일이다.

AI 개발의 실패와 성공의 여정

좋은 소식은 우리가 가까스로 화를 피했다는 것이고 나쁜 소식은 제품을 출시한 초기에는 성공하지 못한 것이다. 출시 당시 API는 큰 매출을 일으키지 못했다.

고객에게 받은 피드백은 간단했다. 충분히 정확하지 않다는 것이다. 고객들의 비즈니스에 우리 제품을 효과적으로 사용할 수 없었다. 이것은 내가 쌓아온 AI 커리어에서 두 번째로 중요한 '깨달음'의 순간으로 이어졌다. 고객의 문제를 분석하고 고객과 소통하면서 일반적인 수준의 시스템 정확성을 보장할 수 있었지만, 고객이 좁은 범위의 문제를 해결하려고 할 때는 충분히 정확하지 못하다는 사실을 알게 되었다.

고객사에서는 상당히 구체적인 것을 원했다. 예를 들어 닭고기 제조업체는 공장에 부착된 고정 카메라를 활용해 생산 라인에서 닭가슴살과 닭다리살을 구분할 수 있길 원했다. 닭고기 포장 이미지를 시스템에 입력하여 나오는 '닭고기' 또는 '식품' 같은 태그는 도움이 되지 못했다. 아이스크림 회사는 신제품 로고가 담긴 이미지가 소셜미디어에 얼마나 올라오고 있는지 알고 싶어했다. '아이스크림'이 틀린 태그는 아니지만 이 태그로 검색하기에는 너무 두루뭉술했다.

우리는 다시 고객이 각자 보유한 비즈니스 데이터로 시스템을 개별적으로 학습시키도록 제품을 재구성했다. 닭고기 제조업체는 닭가슴살과 닭다리살을 구분하고 아이스크림 회사는 세부적인 기준에 따라 신제품 이미지를 분류할 수 있게 되었다.

6개월 동안 새로운 API 작업에 IBM의 시간과 자원을 투입해 두 번째 출시는 마침내 큰 성공을 거뒀으며 높은 매출 증가로 이어졌다. 고객이 잘 선별한 소량의 데이터를 입력해도 몇 분 만에 요구사항을 충족할 수 있을 만큼 모델을 훈련할 수 있었다. 이제 AI모델은 강력하고 가치 있고 혁신적이었다.

우리가 수익성 있고 확장 가능한 시각 인식 AI를 출시하려고 했을 때 마주한 이와 같은 사례는 비단 IBM 제품에 국한된 일은 아니다. 사실 AI 파일럿을 만들어 확장하려는 노력은 비즈니스 전반에 걸쳐 매우 일반적인 일이다. 그리고 파일럿 단계에 있는 프로젝트 중 20%만 배포 단계로 넘어가고 많은 부분이 사용되지 못한다. 잘못된 문제를 해결하려는 것이 이유일 때도 있고 모델의 성패에 결정적인 변수나 잠재하는 편향을 설명하지 못하기 때문일 때도 있다.

추락하던 이베이는 어떻게 AI로 회생했을까?

나(윌슨)는 기업이 책임 있게 구축한 AI로 성과를 내고 그 결과 비즈니스가 크게 성장하는 모습을 직접 경험할 수 있었다. 물론 얼리사가 앞서 이야기한 것 같은 큰 좌절과 도전도 여러 차례 경험했다.

나는 2006년에 이베이에 입사했고 2009년 회사는 힘든 상황에 놓였다. 이베이 주가는 상장 이후 최저 수준이었고 계속되는 비용 절감에도 성장은 마이너스를 기록했다. 시장 점유율은 줄어들고 기술팀에는 혁신할 권한이 없었다. 간단히 말해 회사가 심각한 위기에 처했다.

하지만 이베이는 이 고비를 벗어나 회생했다. AI 기술에 투자한 것이 큰 이유였다. 그리고 새로운 관점을 도입했다. 최고경영자와 최고기술책임자 그리고 기술 임원들이 새로 영입되었다. 그러는 동안 이베이는 엔지니어팀을 기업의 핵심 조직으로 만들고 다른 사업부와 동등한 파트너로 입지를 구축해나갔다.

이베이는 기술과 데이터, AI를 중심으로 사업을 개편했다. 나는 운 좋게 검색팀에 합류하여 프로젝트를 구성해가는 과정에 참여할 수 있었다. 검색팀은 머신러닝을 활용하여 구매자 경험을 최적화하고 이베이 사이트에서 고객이 원하는 물건을 더 쉽게 찾을 수 있도록 지원하는 몇 안 되는 팀 중 하나였다. 우리는 세션 당 구매(purchases per session)에 주목하고 사용자 세션 당 구매자가 사는 품목의 수를 늘리는 데 집중했다. 이런 목표를 중심으로 우리 팀의 AI모델이 제품의 조회수보다 제품이 판매된 횟수에 가중치를 두자 가격이 저렴한 제품이 높은 순위에 올랐다.

그 외에도 우리 팀은 엄청난 양의 데이터를 사용할 수 있었고 새로운 모델이 어떻게 작동하는지 파악하기 위해 쉽게 A/B 테스트(두 개의 시안 중 최적안을 선정하기 위해 비교하는 시험 방법)를 진행할 수 있었다. 그리고 테스트 결과를 거의 즉시 확인할 수 있었다. 언제든지 새로운 전략을 세워 추진할 준비가 되어 있었다.

우리는 여러 가지 머신러닝 모델들을 접목했다. 구매자

의 쿼리(시스템에서 질의를 수행하기 위한 기계어 명령)를 고쳐 쓰는 모델, 순위 모델에 사용되는 특성을 생성하는 모델, 최종 검색 결과의 순위를 정하는 모델 등을 적용한 다음 결과를 평가하기 위해 A/B 테스트를 진행했고 좋은 성과를 거두었다. 다양한 머신러닝 모델을 적용해 구매자 전환이 늘어난 것이 증명되었다. 다른 팀도 이런 성공에 자극을 받아 세션 당 구매 횟수를 높이기 위해 노력하기 시작했다. 모든 것이 희망적이었다.

하지만 재무팀이 진행한 A/B 테스트 결과에 따르면 매출 증가로 이어지지 못했다. 검색에서 AI를 활용한 첫 번째 시도가 실패하자 우리 팀은 원인을 파악하기 위해 모여 분석에 돌입했다. 해결책이 필요했다. 그것도 빨리 찾아야 했다. 우리는 한 푼도 낭비할 여유가 없는 상황에서 회사 매출을 해치고 있었다.

다른 쿼리들로 검색 결과를 깊이 파헤친 끝에 한 가지 흥미로운 현상을 발견했다. 액세서리 제품이 매우 자주 높은 순위를 차지한다는 것이다. 이를테면 구매자가 '아이폰'으로 검색하면 아이폰 케이스가 상위 검색 결과를 차지한 것이다. 물론 사이트에서 휴대전화 액세서리는 인기 있는 품목이었지만 사용자가 검색하려던 것은 아니었기 때문에 이른바 '액세서리 공해'를 일으키고 있었다. 이것은 좋지 않은 사용자 경험으로 이어졌다.

드디어 매출이 급감한 이유를 알아냈다. 아이폰 케이스는 10달러, 아이폰은 300달러로 액세서리가 훨씬 저렴하니 매출이 훨씬 적을 수밖에 없었다. 우리 팀의 AI모델은 가격이 높은 휴대전화를 추천해야 할 때 훨씬 저렴한 액세서리를 추천하고 있었던 것이다.

대부분의 경우 성공은 무엇을 측정하기로 선택하느냐에 달렸다. 처음 이베이가 AI를 도입하는 여정을 시작할 때 기술팀은 구성원마다 각기 다른 목표를 한 가지 목표로 통일해 매출 증대에 집중하기로 했다. 더 많이 파는 것이 이베이의 유일한 목표가 되었다. 이는 고객에 매우 편중된 선택이지만 그것은 판매자와 구매자가 원하는 것이면서 우리가 궁극적으로 바라는 것이기도 했다.

우리 팀은 토론을 거쳐 세션 당 구매 횟수라는 지표로 성공을 측정하기로 했고 우리가 개발한 AI모델로 목표는 달성했지만 좋지 못한 사용자 경험을 만들고 비즈니스 성장을 이루지 못했다. 이제 다른 AI모델로 새로운 해결책을 찾아야 했고 더 중요하게는 AI모델의 성공 여부를 어떻게 측정할지 새로운 방식을 찾아야 했다. 분명히 '세션 당 구매'라는 지표는 AI모델과 우리 팀에 잘못된 동기를 불러일으켰다.

교훈은 명확했다. 올바른 측정 방법을 선택하라는 것이었다. 성공 측정 방법이 AI의 방향을 결정하기 때문이다.

새로워지지 않으면 시장에서 이길 수 없다

나중에 우리는 이 '액세서리 공해' 문제를 해결하기 위해 가격과 관련된 신호를 모델에 포함했다. 더 중요하게는 측정 방법을 세션 당 구매 횟수에서 세션 당 거래액(gross merchandise value, GMV)으로 바꿨다.

이러한 과정을 바탕으로 우리 팀이 회사 전체에 머신러닝과 데이터가 어떻게 매출을 끌어올릴 수 있는지 보여주자 더 많은 팀이 비즈니스 성장 동력으로 AI를 활용하기 시작했다. 결국 이것이 매출에 막대한 영향을 미치고 회사가 극적으로 회생하는 데 도움이 되었다. 2012년까지 이베이의 주가는 65% 상승했고 회사의 거래 규모가 1,750억 달러에 이르렀다. 이것은 글로벌 전자 상거래의 19%, 글로벌 소매 시장의 2%에 해당하는 규모였다.

이베이가 머신러닝 분야로 진출한 데에는 회사가 AI이니셔티브를 학습하고 급속도로 확장하는 데 활용한 방대한 데이터베이스의 역할이 컸다. 물론 모든 회사가 데이터베이스나 AI솔루션 구축에 사용할 대규모 자원과 인프라를 가지고 있는 것은 아니다.

하지만 오늘날 AI라는 기회를 놓치는 것은 해당 분야에서 경쟁 우위를 잃는 것을 의미할 수 있다. AI를 도입하는 일은 엄두가 나지 않고 지나치게 기술적으로 보이긴 하지만 새로워지지 않고 어떻게 시장에서 이길 수 있겠는가?

다행히 성공적인 머신러닝과 책임 있고 윤리적인 머신러닝은 같은 과정을 거쳐 만들어진다. 성공적이고 책임 있는 AI 솔루션 구축은 어렵지 않다. 이 책이 만들어진 이유도 어떤 조직이든 세계 수준의 AI를 개발하는 과정에서 겪을 수 있는 위험을 줄이는 데 도움이 되기 위해서다.

이 책에서는 책임 있는 AI를 규모 있게 개발하기 위한 로드맵을 살펴본다. 우리는 AI개발과 관련한 문제를 어떻게 해결할지 결정하는 방법론과 어떤 데이터가 중요하고 어떻게 사용해야 하는지를 단계별로 차근차근 설명할 것이다. 또한 성공 사례들을 소개하고 시스템을 확장하는 방법과 개발, 실행, 유지 단계에서 발생할 수 있는 보안과 윤리적인 문제들도 다룰 것이다.

어떤 사람들은 우리를 의외의 조합이라고 생각할 수 있다. 윌슨은 중국 칭다오에서 태어나 자랐고 얼리사는 캘리포니아에서 나고 자랐다. 머신러닝 기술이라는 공통 관심사가 아니었다면 결코 만나지 못했을 것이다. 우리는 겸손한 자세로, 우리보다 먼저 길을 걸은 많은 사람의 어깨 위에 서서 우리 뒤에 올 사람들을 위해 머신러닝 기술이라는 복잡하고 매혹적인 세계를 좀 더 단순하게 만들려고 노력하고 있다.

우리는 머신러닝 기술을 사려 깊고 책임감 있으며 윤리적으로 사용해 세상을 더 정의롭고 공정하며 포용적인 곳으로 만들고 싶다. 이 책이 지금도 계속되는 노력에 보탬이 되길 바란다.

차례

1장 AI 개발과 편향의 덫

인공지능이란, 인간이 생각하는 방식으로
컴퓨터를 행동하게 만드는 과학이자 공학이다.

– 앤드루 무어(전 카네기멜런대학 컴퓨터공학부 학장)

2019년 8월, 애플과 골드만삭스는 예상치 못한 문제에 부딪혀 골머리를 앓고 있었다. 시장의 뜨거운 기대를 모았던, 애플과 글로벌 투자은행인 골드만삭스가 손잡고 애플카드를 출시한 직후였다.

탁월한 기술력은 물론 뛰어난 보안과 세련된 디자인으로 전세계인의 사랑을 받는 애플에서 신용카드를 출시하자마자 발급 신청이 폭주했다. 카드 출시 초기에 소비자의 반응은 뜨거웠지만 곧 문제가 드러났다. 애플카드 발급 과정에서 신용 한도가 여성이 남성보다 적게 부여된 것이다. 이 일을 두고 소프트웨어 기업 베이스캠프Basecamp의 공동창업자 데이비드 하이네마이어 핸슨이 올린 트윗들이 퍼져나갔다.

핸슨 부부는 공동으로 소득세 신고를 하고 심지어 아내의 신용점수 등급이 더 높지만, 자신의 애플카드 신용 한도가 아내보다 20배가 많다는 내용이었다.

애플의 공동창업자 스티브 워즈니악도 깜짝 놀랄 만한 트윗을 남겼다.

"우리 부부에게도 같은 일이 일어났다. 내 카드 한도가 아내보다 10배 더 많다. 우리는 은행이나 신용카드 계좌를 같이 사용하고 자산도 공동으로 소유하고 있는데 말이다."

애플에는 이런 결과를 분석하기 위해 카드 발급 승인 알고리즘이 어떻게 작동하는지 설명할 수 있는 사람이 없는 것 같았다. 골드만삭스는 승인 과정에 성별 편향이 전혀 없었고, 카드를 출시하기 전 알고리즘은 3자의 검수를 받았으며, 성별은 카드 신청서에 입력하지도 않았기에 자신들이 의도한 것이 아니라고 주장했다.

이에 대해 핸슨은 "골드만삭스와 애플이 자사 고객의 신용 평가를 블랙박스에 위임하고 있다. 이것은 성차별 의도가 아니라 성차별 결과다."라고 반박했다. 2019년 11월 〈와이어드〉는 이 상황을 다음과 같이 분석했다.*

"젠더 블라인드 알고리즘이라고 해도 성별과 상관관계가 있는 데이터와 얽히는 한 여성에 대해 편향될 수 있다. 다른 알고리즘에서도 이런 프록시가 의도치 않은 편향으로 이어지는 사례를 보여주는 연구는 매우 많다. 거주 지역을 담은 정보

---

* Knight, Will. "The Apple Card Didn't 'See' Gender-and That's the Problem." *Wired*, Conde Nast.

가 인종을 나타내는 프록시와 동일한 역할을 할 수 있고 마찬가지로 쇼핑하는 장소가 한 사람의 성별 정보와 비슷한 편향을 가져올 수 있다."

애플카드의 알고리즘 기획자는 신청서에 성별 입력을 생략하여 편향을 피하려 했지만 애써 피하려 했던 바로 그 편향을 뜻하지 않게 스스로 설정하게 되고 말았다. 만약 성별을 입력한다면 출력 결과를 분석하여 AI모델이 어떻게 여성과 남성을 다르게 처리하는지 테스트할 수 있었다. 하지만 결정적인 '성별'이 입력되지 않으면 '젠더 블라인드' 모델은 그저 알 수 없는 알고리즘이 된다. 분명히 편향된 결과가 나오고 있지만 그 과정에서 무슨 일이 일어나는지 알 방법이 없었다.

이처럼 AI의 목적과 목표를 명확하게 정의했음에도 최종 사용자를 실망하게 하고 기업과 사회에 해를 끼칠 때가 있다. 다른 기업들도 신중한 의도로 만들어진 시스템에서 인종, 성별, 계층에 대한 편향과 표현들이 나타났다.

구글의 성 편향 번역

2018년 구글도 자사 번역 소프트웨어에서 성별 편향이 계속 발생하자 이를 줄이기 위해 구체적인 행동에 나섰다. 구글의 소프트웨어는 신경망 기계 번역(neural machine translation,

NMT)이라는 딥러닝 모델로 실행되었다. 도대체 이 AI모델에 어떻게 성별 편향이 생기게 되었을까?

모델은 수백 개 언어로 된 수억 개의 데이터를 번역한 텍스트를 학습한다. 하지만 언어마다 남성형과 여성형 단어를 처리하는 방법이 다르다. 이것이 모델에 반영되었다. '강한' 또는 '의사' 같은 단어를 입력하면 남성으로 번역하고 '간호사' 또는 '아름다운' 같은 단어를 입력하면 여성으로 번역하도록 학습되었다.

성 중립적인 대명사를 사용하는 터키어로 '그 사람은 의사이다(o bir doktor)'라는 문장을 입력하면 영어로 '그는 의사이다'라고 자동으로 번역되었다. 구글은 입력을 변경할 수 없다면 출력을 수정해야 했다. 이제는 성 중립적인 단어가 입력될 때마다 영어 번역 결과는 '그는 ____이다'와 '그녀는 ____이다' 처럼 두 가지 형태를 모두 보여주고 있다.

사실 위 사례는 단순하게 약술했을 뿐 구글 번역에서 나타난 성별 편향의 기원은 사실 복잡하고 뿌리 깊다. '[성 중립적인 대명사] is [형용사]' 형식을 따르는 문장을 구글 번역에 입력하면 어떤 결과가 나올지 예상되는가. '열심히 일하는' 같은 표현에는 '그'라는 대명사가 할당되고 '게으른' 같은 단어에는 대명사 '그녀'가 할당되곤 했다.*

---

* Lee, Dami. "Google Translate Now Offers Gender-Specific

	편향 수정 전 번역	편향 수정 후 번역
터키어	그 사람은 의사이다.	그 사람은 의사이다.
영어	그는 의사이다.	그는 의사이다. 그녀는 의사이다.

구글은 번역 도구에서 공정성을 높이고 편향을 피하기 위한 앞으로의 계획을 설명했지만, 사실 학습 데이터는 인류가 쌓아온 방대한 언어의 말뭉치(corpus)이기 때문에 모델의 학습은 전 세계의 전통적 성별 관습에 큰 영향을 받았다. 따라서 구글의 작업은 출력을 선별하여 편향된 단어를 성중립적 개념으로 일일이 풀어나가는 데 초점을 맞추고 있다.

남성 이력서로 학습한 아마존 채용 AI의 결과

2014년 아마존은 채용 대상자 검토를 자동화하는 대규모 프로젝트를 시작했다. AI를 이용하여 후보자에게 1점에서 5점까지 점수를 매기는 방식이었다. 회사 규모가 커지면서 지원자들이 엄청나게 늘고 이들을 평가하는 데 필요한 자원도 커지자 자동화 도구에 대한 필요와 추진 요구가 높았다. 아마존의 한 내부 관계자는 〈로이터〉에 이렇게 말했다.

Translations for Some Languages." *The Verge*, 6 Dec. 2018.

"모두가 이상적인 엔진을 기다렸습니다. 이력서 100장을 넣으면 업무에 가장 적합한 상위 5명을 골라내고 우리는 그대로 채용하면 되는 거죠."*

1년을 작업했지만 아마존은 시스템에 지속적인 문제가 발생한다는 사실을 알게 되었다. AI모델은 과거 10년 동안 제출된 이력서를 바탕으로 패턴을 파악해 지원자를 평가하도록 학습되었다. 하지만 성 다양성 문제는 비교적 최신의 개념이었다. 과거의 이력서 대부분은 남성이 제출한 것이었다. 결과적으로 모델은 남성 지원자를 선호하도록 학습했고 제출된 이력서에 여성 스포츠팀이나 여성들이 많이 하는 활동이 포함되거나 파악되면 불이익을 주었다.

2017년 아마존은 이 시스템의 개발을 포기했다. 성별 편향적인 결과가 나오지 않도록 모델을 학습시킬 만한 데이터가 없었기 때문이다. 아마존은 다른 해결책을 찾았다. 인터넷을 검색해 채용할 만한 후보자들을 찾아내는 AI 도구를 개발했다. 이 모델을 학습시키기 위해 회사는 과거 지원자들의 이력서를 입력하고 특정 경력이나 기술 관련 용어를 파악하도록 가르쳤다.

하지만 여전히 편향은 사라지지 않았다. 그 또한 대부분

---

* "Amazon Ditched AI Recruiting Tool That Favored Men for Technical Jobs.", *The Guardian,* Guardian News and Media, 10 Oct. 2018.

남성 이력서로 학습한 까닭이었다. 기술이나 경력을 설명할 때 일반적으로 남성이 많이 사용하는 단어를 선호하도록 학습된 것이다. 웹 크롤러(웹상의 다양한 정보를 검색하고 색인하기 위해 검색 엔진을 운영하는 사이트에서 사용하는 소프트웨어)가 가져오는 후보자는 남자가 압도적으로 많았다. 아마존은 결국 AI 채용 프로젝트 개발을 접었다.

하지만 아마존과 구글 번역의 사례에서 두 회사는 모두 좋은 기업의 모습을 보여주었다. 결과를 모니터하고 사용자 피드백에 귀 기울여 신속하게 대응한 것이다. 이것이 책임 있는 AI 경영의 모습이다.

잘못된 머신러닝으로 억울하게 감옥에 가게 된다면

머신러닝의 불공정한 편향으로 빚어진 부정적인 사례 가운데 자주 꼽히는 것이 컴퍼스(COMPAS) 소프트웨어다. 미국 노스포인트(현재 Equivant)가 개발한 이 알고리즘은 범죄자들의 기록과 특정 범죄의 정보를 분석해 수감된 범죄자의 재범 가능성을 측정하기 위해 만들어졌고, 여기서 얻은 결과는 미국 일부 주에서 판사가 가석방 결정을 내릴 때 참고하고 있다.

말 그대로 계속 감옥에 있을지 아니면 자유의 몸이 될지를 결정하는 데 이 프로그램이 중요한 역할을 하는 것이다.

2014년 미국의 비영리 인터넷 언론 〈프로퍼블리카〉는 컴퍼스를 구동하는 알고리즘을 파헤쳤다. 여기서 드러난 사실은 큰 충격을 주었다. 컴퍼스 점수는 미래에 발생할 수 있는 범죄를 예측하는 용도로 전혀 신뢰할 수 없었기 때문이었다. 폭력 범죄를 다시 저지를 수 있다고 평가된 사람 중 실제로 재범한 사람은 20%에 지나지 않았다. 경범죄임을 고려하면 점수의 정확도는 무작위로 동전을 던지는 것보다 조금 나을 뿐이었다.

더 큰 문제는 특정 집단 사람들에게 훨씬 악영향을 미친다는 것이다. 컴퍼스 점수에 의해 흑인 피고인들이 압도적으로 불이익을 받고 있었다. 범죄 기록에 상관없이 백인 피고인보다 재범의 위험이 크다고 분류된 것이다.

브리샤 보던은 미국 플로리다주 포트로더데일 외곽 출신으로 전과가 없는 18세 흑인 소녀였다. 방치된 킥보드를 집어 타고 몇 분 동안 돌아다녔다는 이유로 체포되어 가벼운 절도 혐의로 기소되었다. 킥보드는 이웃에 사는 여섯 살 아이의 것으로 밝혀졌다. 보던은 컴퍼스 시스템에서 재범고위험군으로 분류되는 8점을 받았다.

반면 홈디포에서 물건을 훔친 혐의로 체포될 때 이미 무장 강도범죄로 5년간 복역한 적이 있는 41세 남성 버넌 프래터는 3점을 받아 재범저위험군으로 분류되었다. 프래터는 백인이었다. 위험 평가 결과에 지속해서 나타나는 인종차별 격차는 수많은 사례에서 발견되었다.

보던과 프래터 사례에서 사용된 소프트웨어를 개발한 기업 노스포인트는 자사의 모델을 옹호했다. 137개의 질문으로 이루어진 설문을 바탕으로 점수를 매긴다고 했다. 애플카드가 성별 편향을 피하려고 의도적으로 성별을 묻지 않은 것처럼 소프트웨어의 평가 질문에는 인종을 식별하는 내용이 포함되지 않았다.

컴퍼스는 피고인에게 이런 질문을 던진다. "부모님 중 한 명이라도 감옥이나 교도소에 수감된 적이 있습니까?", "친구나 지인 가운데 몇 명이나 불법적으로 약물을 복용하고 있습니까?", "학교에 다닐 때 얼마나 자주 싸움에 가담했습니까?" 또한, 질문지는 다음과 같은 내용에 동의하는지 묻는다. "배고픈 사람은 도둑질할 권리가 있다." "사람들이 나를 자극하고 화나게 하면 나는 위험해질 수 있다."*

하지만 컴퍼스의 바탕이 되는 알고리즘은 원래 법정에서 사용할 목적으로 설계된 것이 아니었다. 이 점이 AI모델의 학습과 테스트에 중대한 영향을 미칠 수 있다. 사람의 인생과 사회 윤리를 좌우하는 이런 시스템을 책임 있게 구축하고 활용하려면 높은 수준의 철학적, 윤리적 접근과 보호장치가 필요

* Julia Angwin, Jeff Larson. "Machine Bias." *ProPublica*, 23 May 2016.

하다. 이 소프트웨어는 상업적인 도구인데도 사람들의 삶에 지대한 영향을 미칠 수 있는 의사결정을 내리는 데 사용되고 있었다. 특히 설계할 때 의도하지 않은 목적으로 모델을 확장해 사용하는 것은 무책임한 일이었다.

앞에서 언급한 사례들은 모든 AI모델에 강력한 테스트와 모니터링이 필요하다고 지적하는 것을 넘어, 책임 있는 AI 개발이 얼마나 중요한지를 보여준다.

AI모델은 어렵다. 지구상에서 가장 크고, 마음대로 사용할 수 있는 모든 자원을 가진 회사라도 크고작은 문제에 직면하게 된다. 앞으로 살펴보겠지만 애플뿐만 아니라 구글, 월마트, 테슬라, 마이크로소프트와 같은 많은 빅테크 기업도 계속해서 벌어지는 도전 과제를 극복해야 했다.

데이터 과학자의 임무는 '정확하게 질문하는 것'이다. 실제 비즈니스 사례에서 인간이 무심코 지나친 변수를 모델이 설명하려 하면 결괏값이 손상될 수 있다. 하지만 당신이 그 변수를 무시하기로 선택하면 일을 진행하기 위한 결정이 될 수 있다.

책임 있는 AI는 기업에만 좋은 것이 아니다. 사회에도 긍정적인 영향을 미친다. 그러나 책임 있는 AI를 구축하고 배포하기에 AI는 무척이나 복잡한 분야다. 그러므로 AI의 핵심 내용을 제대로 이해해야 한다. 지금부터 AI의 기초를 간략히 설명하려 한다.

AI는 하나의 기술이 아닌 진화하는 기술의 집합

사람들에게 AI가 무엇인지 물으면 흔히 '로봇'이라고 대답한다. 많은 사람이 AI가 영화 〈터미네이터〉에서 인간을 공격하는 스카이넷과 비슷하다고도 생각한다. 우리가 매일 AI를 경험하며 생활하고 있다는 사실도 알아차리지 못한다.

이를테면, 출장 비용을 청구하기 위해 영수증을 사진으로 찍으면 머신러닝 기반의 컴퓨터 비전 시스템이 그 사진에서 정보를 추출해 자동으로 처리한다. 고객센터에 전화를 걸어 음성으로 자동안내 시스템을 이용할 때는 머신러닝 기반 음성 인식 기술이 우리가 하는 말을 해석하고 요구에 맞게 서비스를 안내한다. 휴대전화에서 인스타그램을 볼 때 머신러닝 기반 검색 관련성은 이용자의 취향에 맞춰 콘텐츠를 개인화하여 선보인다. 그리고 우리가 게시물을 올리면 다른 머신러닝 시스템이 콘텐츠를 분석하여 어떤 친구들에게 어떻게 보여줄지 결정한다.

북미권에서는 관련 앱을 열고 휴대전화 카메라로 수표 사진을 찍으면 마법을 부린 것처럼 은행 계좌에 돈이 입금된다. 정말 마법처럼 보이지만 실제로는 복잡하게 배열된 머신러닝이 이 일을 가능케 한다. 먼저 컴퓨터 비전 시스템이 이미지를 분석하고 텍스트를 읽어 숫자로 변환한다. 그런 다음 위조 감지 시스템이 이 거래에 사기 가능성이 있는지를 평가하고 은

행이 해당 금액을 계좌에 입금해야 할지를 결정한다. 이런 확인 과정을 성공적으로 통과해야 비로소 돈이 계좌에 입금되는 것이다.

그리고 우리가 애플의 시리나 아마존의 알렉사, 구글 어시스턴트와 대화할 때마다 머신러닝 기반 음성 인식은 우리가 하는 말의 내용을 해석하고, 제품마다 차이는 있지만 그것을 실행에 옮긴다. 이 모든 일은 매끄럽게 진행된다.

우리는 AI 기반 시스템을 사용하고 있다는 사실조차 인식하지 못한다. 이면의 복잡하고 기술적인 내용은 우리가 전혀 알 필요 없이 진행된다. 이런 시스템은 우리와 소극적으로 상호작용하고, 우리가 제공하는 정보만 이해하고, 우리가 의도하는 방향대로 결과를 제안하거나 안내하도록 설계된다.

인공지능은 한 가지 기술이 아니라 진화하는 기술의 집합을 가리킨다. 기술이 변화함에 따라 AI의 정의도 계속 달라진다. 현대 AI의 역사는 우리가 생각하는 것보다 훨씬 오래전에 시작되었다. 오늘날 우리가 AI라고 부르는 것은 1956년 다트머스 회의(인공지능이라는 분야를 확립한 학술회의)에서 공식적인 연구 분야가 되었다. 이 자리에서 '인공지능'이라는 용어도 만들어졌다.

인공지능 분야는 여러 차례 전성기와 암흑기를 겪었다. 1970년대 초부터 1990년대 초까지 흔히 'AI 겨울'이라고 불리는 두 번의 암흑기를 거친 다음 1990년대 후반부터 AI 연구가 다시 주목받기 시작했다. 그 이후로 우리는 컴퓨터가 세계 최고 체스 마스터를 상대해서 이기고, 〈제퍼디!〉 퀴즈 프로그램에서 인간 우승자를 물리치는 것을 지켜보았다. 그리고 지금은 수백만 명의 사람들이 집에 있는 조그만 스피커나 손목에 찬 시계에 날씨나 길찾기, 요리 방법을 자연어로 물어본다. 그러면 기기는 가끔 틀릴 때도 있지만 공손하고 정확하게 대답해준다.

AI는 '인간의 지능이 필요한 작업을 수행하는 기계'를 광범위하게 지칭한다(다음 장의 그림 참조).* 머신러닝은 AI의 하위분야로 어떤 일을 하도록 구체적으로 프로그래밍하지 않더라도 그 일을 잘할 수 있게 하는 알고리즘을 가리킨다. 알고리즘은 애플카드의 발급 승인 알고리즘처럼 입력된 데이터로 학습할 수 있다. 그리고 가장 정교한 AI 시스템을 대표하는 딥러닝은 기본적으로 인간의 뇌 구조를 모델로 한 인공 신경망 형태를 취한다. 딥러닝 시스템은 가령 호텔 투숙객이 소셜미디어에 올린 사진 한 장을 읽어 좋아하는 음식, 위치, 날씨 등 다양한 요소를 식별해 더 좋은 서비스를 제공할 수 있다.

* Valencia, Jean Pierre, "Understanding The Difference Between AI, Machine Learning, and Deep Learning", *Tangocode*, 17 July 2019.

인공지능의 진화

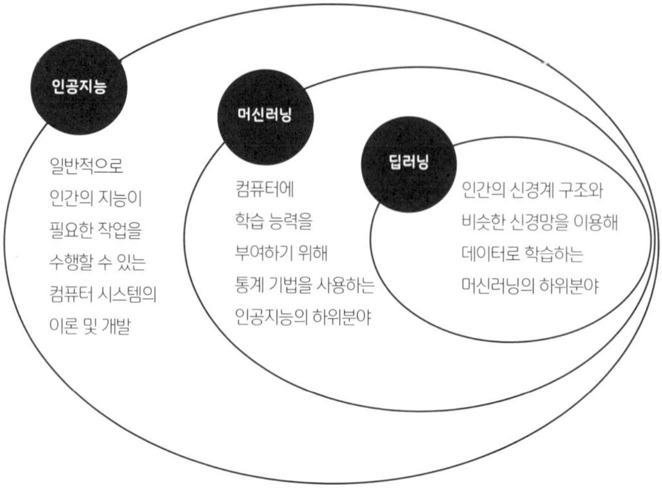

출처: 린 하이드먼이 구분한 인공지능, 머신러닝, 딥러닝*

사람들은 AI를 종종 블랙박스로 오해한다. 한쪽 끝에 어떤 것을 넣으면 반대쪽에서 마법이 되어 나온다고 생각한다. 이 블랙박스 사고방식은 부분적으로만 정확하다. 사실 상자는 불투명하지 않다. 일반적으로 블랙박스라고 말할 때 우리는 제한된 데이터세트(규칙에 맞게 정렬된 데이터들의 집합) 안에서 학습한 모델이나 알고리즘을 가리킨다. 앞서 핸슨이 편향

* Heidmann, Lynn. "AI vs. Machine Learning vs. Deep Learning." Blog, blog.dataiku.com/ ai-vs.-machine-learning-vs.-deep-learning.

된 애플카드 알고리즘을 지적할 때 언급한 것이다.

데이터가 입력되면 AI모델은 예상되는 정답이 무엇인지 학습한다. 데이터가 충분히 제공되면 모델은 입력된 데이터에서 유사점과 차이점을 학습한다. 모델은 학습을 마치면 한 번도 본 적 없는 데이터를 입력해도 어느 정도 신뢰도 높은 출력을 생성한다. 출력은 전적으로 인간이 선별하여 입력한 데이터의 품질에 달려 있다. 말을 배우는 아기가 눈에 보이는 어른의 행동을 모델로 삼고 따라 하는 것과 비슷하다. 대체로 '해주세요', '고맙습니다' 같은 말을 배우길 바라지만 때로는 욕이나 나쁜 말을 배우는 것처럼 말이다.

머신러닝, 학습과 추론 사이의 여러 단계들

그렇다면 머신러닝 모델은 어떻게 얻을 수 있을까? 직접 가르치면 된다.

강아지 한 마리가 생겼다고 상상해보자. 강아지가 '앉아'라는 말을 듣고 제자리에 앉으면 좋겠다. 우리는 훈련하기 위해 같은 명령을 반복하고 강아지가 제대로 알아듣고 행동할 때마다 간식을 준다. 얼마 지나면 강아지는 '앉아'라는 말을 들으면 앉아야 한다고 추론하게 될 것이다.

AI에서 일어나는 일도 매우 비슷하다. AI에게 올바르게 이해하는 법을 가르칠 수 있다. 이렇게 가르치는 과정을 모델 학습이라 하고, 강아지를 훈련할 때와 다른 점은 가르치는 대상이 다르다는 것뿐이다.

데이터 과학자는 기계에 많은 데이터를 입력하고 기계는 데이터에 '맞는' 모델을 선택하려고 노력한다. 모델이나 알고리즘은 간단한 한 줄짜리 방정식에서부터 컴퓨터의 예측 능력을 최고 수준으로 만드는 매우 복잡한 논리나 수학 체계에 이르기까지 매우 광범위하다. 그리고 학습 과정에서 수학적으로 표현된 가중치나 편향 같은 매개변수를 결정한다.

올바른 모델을 선택하고 적합한 매개변수를 찾는 일은 무척 어려운 과제가 될 수 있다. 이전에 데이터 과학자들은 수학 공식의 세부사항을 적용해 행렬 계산을 하고, 수많은 코드를 작성한 다음 코드 디버깅(프로그래밍에서 잘못된 부분을 찾아 고치는 것)에 엄청난 시간을 할애했다. 구글이 개발한 텐서플로나 페이스북이 개발한 파이토치 같은 오픈소스 머신러닝 프레임워크는 이 작업을 매우 쉽게 만들었다. 이런 프레임워크는 이미 만들어진 구성 요소를 제공하기 때문에 초보자도 머신러닝 아키텍처를 구현하고 적절한 모델을 빨리 학습시킬 수 있을 정도로 접근성과 속도를 크게 개선했다.

이제 우리에게는 잘 학습된 모델이 있고 새로운 데이터를 입력해 제대로 예측할 일이 남았다. 학습된 머신러닝 알고리즘을 사용하여 예측하는 과정을 '추론'이라고 한다. 하지만 모델 학습과 모델 추론 사이에는 여러 단계가 있다. 모델을 패키지하여 업무 환경에 배포하고, 성능을 모니터하며 드리프트(시간이 흐르며 모델의 성능 저하를 야기하는 입력 데이터의 변경 내용)가 발생하면 최신 상태로 갱신해야 한다. 현실의 AI에는 이 모두를 효율적으로 운영할 수 있는 환경과 문화를 구축할 조직이 필요하다. 이렇게 머신러닝 수명 주기를 관리하는 새로운 방법을 ML옵스MLOps라고 한다.

딥러닝, 인간의 의사결정을 모방하다

딥러닝은 광범위하게 사용할 수 있는 응용프로그램 덕분에 오늘날 가장 인기 있는 머신러닝 모델이지만 기존의 머신러닝 모델들도 여러 가지 시나리오에서 꾸준히 사용되고 있다.

인기 있는 머신러닝 모델 중 하나가 의사결정나무다. 어떤 사람이 동료가 여는 파티에 초대받아 가는 것이 좋을지 결정을 내리려 한다. 판단하는 데 필요한 몇 가지 정보가 있을 것이다. 갈 시간이 있나? 재미있을까? 대중교통으로 갈 수 있나? 등의 입력에 대한 답을 바탕으로 결정하게 될 것이다. 각 항목이 전체 질문의 층을 이룬다.

이 사람은 각각의 질문에 대답해볼 것이다. 어떤 대답은 긍정적이고 어떤 대답은 부정적이다. 어떤 질문은 다른 질문보다 중요하다. 파티가 재미있다면 대중교통 이용 여부는 훨씬 덜 중요할 것이다. 입력마다 고유한 가중치가 있고 이 사람은 머릿속으로 모든 것을 종합적으로 계산하여 질문에 답할 것이다. 그리고 그 결과가 어느 수준을 넘으면 파티에 참석할 것이다.

사람들은 여러 가지 요소를 따져 보고 때로는 이런 단계도 거치지 않고 결정에 이르기도 하지만, 컴퓨터는 어떻게 결정해야 할지를 알려줘야 한다. 모델 개발을 책임지는 데이터 과학자와 비즈니스 담당자는 미리 의사결정의 한계를 명확히 하고 자세히 설명하는 것이 중요하다. 모델의 의사결정은 입력 정보가 좋을수록 성능이 좋아지기 때문이다.

파티 참석 여부를 결정하는 의사결정나무 다이어그램

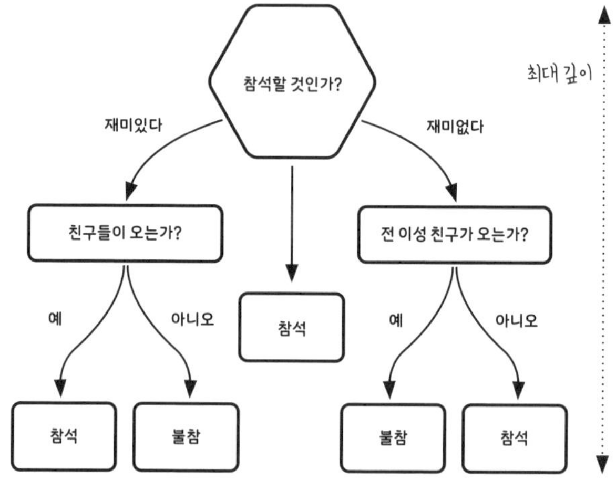

파티에 갈지를 고민하는 이 사람이 전에 만나던 연인이 그곳에 온다는 사실을 알게 된다. 그러면 결정이 흔들려서 다른 대답에 상관없이 절대 '불참'으로 바뀔 수 있다. 하지만 파티 참석 여부를 결정하기 위해 만든 의사결정나무에 전 이성 친구를 처리하는 층이 없고 비슷한 사례를 학습하지 않았다면 좋은 결과가 도출되지 않을 것이다.

파티 참석 여부를 결정하는 나무는 지도학습에 기반을 두고 만들어졌다. 인간이 이미 만들어놓은 학습 데이터를 사용하여 특정 시나리오에서 인간의 의사결정을 모방하는 방식이다. 사람이 하는 일 중 반복적이고 성가시지만 확장하기 어렵고, 가치는 낮지만 사람이 하려면 시간이 오래 걸리는 작업들이 많다. 컴퓨터가 훨씬 짧은 시간 안에 확장 가능한 방식으로 같은 일을 할 수 있다면 사람 대신 컴퓨터를 사용하고 싶지 않을까? 비즈니스 분야에서 AI 이용 사례 대부분이 지도학습 모델을 사용한다.

이와 대조적으로 비지도학습은 정답이 없는 데이터로 학습하고 알고리즘을 사용해 데이터 내 고유한 잠재 구조를 찾는다.

또 다른 머신러닝 모델은 강화학습이다. 강화학습에서 모델은 데이터를 통해 학습하는 것이 아니라 시행착오를 통해 학습한다. 모델이 좋은 결과를 도출하는 결정을 내리면 보상을 받음으로써 시간이 갈수록 올바른 답을 찾는 빈도가 높아진다.

"왜 아무도 제게 알려주지 았았죠?"

AI 프로젝트는 구상에서 실행까지 종종 조직 전체가 귓속말로 이야기를 전달하는 게임을 하듯 진행된다. 처음 프로젝트를 생각한 비즈니스 담당자에서 개발을 담당할 머신러닝 엔지니어나 데이터 과학자에 도달하기까지 생각지도 못 한 경영 변화를 거치게 된다.

AI모델 개발자가 자신이 참여하고 있는 프로젝트의 비즈니스 맥락을 이해하지 못하거나 배가 산으로 가는 경우가 종종 생긴다. 따라서 절충안을 마련하거나 중요한 전략적 결정을 내려야 할 때 그 선택이 실제 환경에서 작동한다고 보장할 수 없고 최악의 경우 원래 목표에서 크게 벗어날 수도 있다.

빅데이터 분석 기관인 데이터브릭스databricks의 머신러닝 실행 리더 브룩 위니그는 이런 사례의 주인공이 되어 입사 초창기 때 고생을 했다. 대학원에 다닐 때 브룩은, 지금은 스포츠 브랜드 언더아머underarmour가 소유한 마이피트니스팔MyFitnessPal에서 인턴십을 했다.

마이피트니스팔은 사용자가 식단과 운동량을 기록하면 게임화기법(게임이 아닌 것에 게임적 사고와 게임 기법을 활용해 문제를 해결하고 사용자를 몰입시키는 과정)을 이용해 체중을 감량하도록 돕는 앱이다. 이 앱에서는 사용자가 섭취한 열량을 모니터하고 군것질이나 스트레스성 폭식처럼 건강에 해로운 식습관을 파악할 수 있도록 먹은 음식을 모두 앱에 기록하도록 한다.

브룩은 사용자들이 앱에 입력하는 식단을 과일이나 채소 같은 그룹으로 분류하는 모델 개발 업무를 담당했다. 입력되는 식단을 구체적으로 파악하면 마이피트니스팔앱은 사용자에게 더 적합한 광고를 제공할 수 있었다. 이 일은 전형적인 자연어 처리 작업이었다. 사용자들이 앱에 음식 이름을 직접 입력하기 때문에 맞춤법에 맞지 않거나 오탈자가 생기는 경우가 있었다.

브룩의 일은 뒤죽박죽인 실제 데이터를 기준을 세워 질서정연하게 만드는 것이었다. 성공 욕구가 크고 자신을 증명하고 싶었던 이 인턴은 체계를 만드는 일에 뛰어들었다. 데이터를 정제하고 뒤죽박죽 상태를 명확한 계층 구조로 매핑하는 데 6주가 넘는 시간이 걸렸다.

하지만 이렇게 만든 그룹은 제품 팀에서 원하는 것과 전혀 다른 것이었다. 원점으로 돌아가 처음부터 다시 시작해야 했지만 시간과 열정은 바닥났다. 어떤 앱이 실제로 수익을 창출했는지, 어떤 프로젝트가 결과적으로 헛수고였는지 그간의 과정을 공유해준 사람이 아무도 없었다. 야심 찬 계획과 노력에도 불구하고 그는 결국 흔한 질문을 던지며 나가떨어질 수밖에 없었다.

"왜 아무도 제게 그런 내용을 알려주지 않았죠?"

브룩이 필요한 정보를 얻을 수 없었던 이유는 비즈니스 쪽인 제품 팀 사람들이 AI모델을 실행하는 담당자와 긴밀하게 소통하지 않았기 때문이다. 그런 까닭에 프로젝트는 몇 주 동안 완전히 중단되었다.

AI는 사업에 도움이 되는 만큼만 가치가 있다

사실 AI모델을 개발하는 일은 AI모델의 결괏값에 대해 수용 가능한 한계치를 결정하는 일이기도 하다. 품질이 높은 데이터를 충분히 사용할 수 있고 입력과 출력이 분명하게 표현된다면 데이터 과학자가 모델을 만들고 학습시키는 실제 작업은 그렇게 어렵지 않다.

불과 몇 년 전과 비교해도 훨씬 쉽게 예상하는 정확도 수준으로 모델을 반복하고 개선할 수 있는 좋은 도구들이 많이 나와 있다. 이를테면 데이터브릭스, 웨이츠앤바이어스, IBM AI 360 같은 프로그램들이다. 데이터 과학팀은 이런 도구를 잘 활용해야 한다. 환경이 급변하고 있다.

AI모델의 범위를 선택할 때 윤리적 의미를 고려하는 것도 중요하다. 90% 정확도로 모델을 최적화했어도 10%는 잘못된 판단을 할 수 있다는 뜻이다. AI모델이 고객 문의 사항의 중요도를 더 높거나 낮게 분류하는 경우라면 10% 정도의 오류는 크게 문제가 되지 않을 수 있다. 하지만 성폭력 신고를 식별하는 모델의 경우라면 잘못 분류한 10%는 법적 책임 문제는 말할 것도 없고 심각한 윤리적 문제를 야기할 수 있다.

차량공유업체 우버의 사례를 보자. 이 회사는 각종 고객 불만사항을 분류하기 위해 코타(COTA, Customer Obsession Ticket Assistant)라는 시스템을 사용한다. 코타는 머신러닝과 자연어 처리를 이용하여 고객센터에 접수된 내용이 기술팀에서 해결할 수 있는 앱이나 요금 계산 오류 같은 문제인지, 아니면 플랫폼에서 고객과 운전자에게 일반적으로 일어날 수 있는 수천 가지 유형의 문제인지를 빠르게 파악한다.

일단 처리할 문제의 유형이 파악되면 코타는 이를 해결할 수 있는 적합한 팀에 불만 사항을 전달한다. 인간 상담사가 코타를 모니터하지만, 가능한 한 시스템의 분류 오류가 없어야 한다. 만약 성폭력 신고가 접수됐는데 이 건이 기술지원팀으로 전달되면 그 위험은 너무 중대하기 때문이다.

코타 같은 도구를 개발할 때는 제품 매니저 역할을 하는 담당자가 핵심적인 역할을 한다. 데이터 과학팀은 전반적으로 모델을 더 빠르고 정확하게 만드는 데 중점을 두지만, 경영 목표 달성이 중요한 사람은 속도와 위험, 정확성의 균형을 정의할 때 결정적인 목소리를 낸다.

인간의 윤리적 결정에 의존하는 작업을 수행하는 모델을 도입하는 경우, 데이터 과학팀이 너무 동질화되는 것을 경계해야 한다. 데이터 과학자의 일은 기본적으로 의사결정을 위해 모델에 의도적으로 편향을 인코딩하는 것이다. 결정은 그렇게 이루어진다. 데이터를 제공하고 편향을 도입하는 알고리즘을 만드는 사람이 인간의 판단에 의존하는 민감한 영역에 대한 맥락을 충분히 고려하지 않으면 의도치 않게 편향을 유도할 수 있다.

16시간 만에 중단된 마이크로소프트의 신제품

마이크로소프트에서 출시했다가 16시간 만에 운영을 중단한 AI 챗봇 테이Tay를 생각해보자. 테이는 트위터로 대화하면서 사용자들로부터 실시간으로 학습하는 챗봇이다. 대화 능력을 향상하려 강화학습을 사용했지만 악당들을 상대하는 훈련은 하지 못했다.

테이는 마이크로소프트의 두 팀이 진행한 대화식 이해를

연구하는 프로젝트였다. 챗봇은 AI와 전담 직원이 작성한 콘텐츠를 사용하여 반응을 형성하고 대화 패턴을 개발했다. 하지만 테이 개발에 쓰인 가장 큰 데이터 소스는 익명화되고 필터로 걸러진 양질의 공개 데이터였다.

기본적으로 테이는 트위터를 통해 인간과 대화하는 법을 학습하도록 설계되었고 테이 계정으로 트윗된 사용자 생성 대화를 학습했다. 마이크로소프트가 테이를 출시할 때 언급한 것처럼 "테이와 더 많이 이야기할수록 테이는 더 똑똑해"질 계획이었다.* 하지만 테이가 트위터 사용자에게 정확하게 무엇을 배울 수 있고, 무엇을 배워야 하는지에 대한 필터가 없었다.

그 결과 온라인 커뮤니티 포챈4chan에 의해 100만 개의 악성 대화 사례가 테이에 입력되었고 테이는 만 하루가 채 지나기도 전에 나치주의를 부추기는 극우주의 챗봇이 되었다. 테이는 트윗으로 받은 선동적인 대사를 반복했다. 인종차별적이고 불경한 콘텐츠가 입력될수록 테이는 한층 더 인종차별적이고 모욕적인 말을 내뱉었다. 적절한 대화인지 악의적인 대화인지를 구분하거나 데이터 입력을 조정하는 데 필요한 프로그램과 필터가 없었기 때문이다.

---

* "Tay, Microsoft's AI Chatbot, Gets a Crash Course in Racism from Twitter." *The Guardian*, Guardian News and Media, 24 Mar. 2016.

AI는 마법이 아니다. 일련의 목표에 부합하는 의사결정을 내릴 때 활용할 수 있는 기술의 집합이다. 우리는 모두 일상에서 AI를 사용하고 있다. 그러므로 모델이 설계되는 방식이 중요하고 우리가 얻게 되는 결과도 중요하다.

데이터 과학이 AI모델 개발에 필수적인 것만큼 비즈니스 결정도 AI 개발에서 중요한 부분을 차지한다. 모델의 매개변수와 범위를 결정하고, 어느 시점까지 모델이 업무를 지원할 만큼 정확도가 올라갈지, 언제 어떻게 모델을 배포할지, 어떻게 성능을 모니터할지 결정하는 일은 AI모델 개발만큼 성공에 중요한 요소다.

환자 기록을 확인하는 의료 시나리오를 생각해보자. 어떤 사람이 병원에 왔을 때 의료 기록을 쉽게 확인할 수 있으면, 현재 건강 상태를 더 잘 이해할 수 있고 상황에 따라 환자의 생명을 살리는 데 매우 중요한 역할을 할 수 있다. 하지만 지난번 병원에 다녀간 환자가 이사하거나 결혼하거나 이름을 바꾸거나 접수할 때 주소를 간략하게 적는 등 옆의 표와 같이 정보를 조금씩 다르게 썼다고 가정해보자.

병원에서는 일반적으로 환자 기록을 확인할 때 머신러닝 기반 모델을 사용한다. 위의 표에서 세 개의 기록이 완전히 일치하지 않는다는 것을 알 수 있다. 사람이라면 이 기록을 보고 동일인일 가능성이 크다고 판단할 수 있다. 머신러닝 시스템은 인간과 같은 신뢰 수준을 갖지 못할 수 있다. AI를 활용하는 비즈니스 담당자인 당신은 이런 질문을 던져볼 법하다.

	기록 1	기록 2	기록 3
이름	John Doe	John Doe	Jon Doe
생년월일	1/1/1980	01/1/1980	01/01/1980
주소	1500 Main Street	1500 Mn St	1500 Maine St
도시	NY	New York	New York
주	NY	NY	NY

"동일인이 아니지만 이 기록들이 동일인의 자료라고 가정하면 어떤 위험이 있는가?", "동일인으로 보이지만 기록이 일치하지 않아 다른 사람이라고 보는 편이 더 안전한가? 의사가 의료 기록 데이터의 중요한 부분을 놓칠 수 있지 않을까?"

비즈니스 논리, 데이터 변환, 신뢰도 수준이 제대로 설정되어야 3개의 조금씩 다른 기록이 모두 동일인이라는 논리적인 머신러닝 기반의 결론을 내릴 수 있다. 가중치와 판단 방법이 비즈니스와 고객에게 미칠 영향에 관해 사전에 논의하는 것도 중요하다. 비즈니스에서 AI는 다른 모든 것과 마찬가지로 도구일 뿐이다. AI는 비즈니스에 도움이 되는 만큼만 가치가 있다.

실패는 피할 수 있다

AI 솔루션에 막대한 자금과 시간을 쏟아붓고도 잘못된 결과를 낳거나 완전히 실패하는 경우가 드물지 않다. 사실 AI에 경험이 많은 빅테크 기업에서도 흔히 있는 일이다. 필요한 일을 모두 계획하고, 똑똑하고 경험이 풍부한 사람을 채용하고, 좋은 의도도 있지만, 목적을 달성하기보다 헛수고하며 시간을 낭비하는 경우도 많다.

2013년 10월 IBM은 텍사스대학교 MD 앤더슨 암센터와 흥미로운 파트너십을 발표했다. 이 협력 관계는 암 연구를 새로운 단계로 끌어올리기 위해 왓슨의 인지 컴퓨팅 시스템을 활용할 계획이었다. MD 앤더슨은 3년이 넘는 기간 동안 6,200만 달러를 지출한 후에 이 프로젝트를 중단했다. 단 한 명의 환자에게도 이 기술을 사용하지 못했기 때문이다.

가장 큰 이유는 MD 앤더슨 팀이 AI가 영향을 미칠 수 있는 구체적인 문제를 제대로 이해하지 못했기 때문이다. 머신러닝을 '암 치료'와 같은 광범위한 목표에 적용하면 기술적 한계가 금방 드러난다. AI모델에는 먼 미래의 목표가 아니라 지금 해결해야 하는 구체적인 문제가 필요하다. 부분적으로는 AI가 '한번 설정하면' 인간의 개입 없이 결과를 계속 만들어내는 시스템이 아니기 때문이다.

AI가 의미 있고 원하는 결과를 제공하려면 꾸준한 유지관리와 수정 작업이 필요하다. 프로젝트를 시작할 때 목표와 성공 측정 방법, 신중하게 정의된 기대치, 이정표, 가이드라인이 명확하지 않으면 MD 앤더슨이 그랬듯이 성공할 가능성이 희박해진다.

이 이야기는 놀라운 솔루션을 기대했지만, 실행 의도가 부족한 AI 개발이 어떻게 시간과 돈을 낭비하며 회사를 위험한 길로 인도할 수 있는지 보여주는 많은 사례 가운데 하나일 뿐이다. 이런 일이 생기면 경영자들은 AI에 투자한 것은 완전히 실수였다고 반사적으로 결론을 내린다. 애플이나 MD 앤더슨처럼 원하는 결과를 제대로 겨냥하지 못해 곤란을 겪은 사례를 알고 나면 같은 함정에 빠지는 실수를 피하는 방법이 궁금할 것이다.

실패는 피할 수 있다. 사람이 AI를 만들고 사람이 수집하고 준비한 데이터로 사람이 AI 시스템을 학습시키면 된다. 똑똑하고 효과적인 AI는 전적으로 통제할 수 있다. 구체적인 목표를 설정해 가치 있는 비즈니스 문제를 해결하려는 목적을 가지고 책임 있게 AI를 설계하면 성공 가능성이 높아지고 사용자에게 진일보한 서비스를 제공할 수 있다.

큰 힘에는 큰 책임이 따른다

AI는 앞으로 많은 사람이 살면서 보게 될 가장 큰 기술적 변화일 것이다. 이 기술은 사람들이 집에 있는 기기와 상호작용하는 것부터 수백만 명에게 영향을 미치는 글로벌 조직의 대규모 의사결정에 이르기까지 다양한 분야에서 세상을 변화시키고 있다. 기술이 만드는 광범위한 힘으로 AI 솔루션을 개발하는 우리는 AI가 윤리적이고 안전하며 세상에 도움이 되게 할 책임이 있다. 기본적으로 세상을 더 나쁜 곳이 아니라 더 나은 곳으로 만들어야 한다.

책임 있는 AI는 단지 기업에만 좋은 것이 아니다. 우리 사회에도 긍정적인 역할을 한다. 다음 장에서는 비즈니스의 모든 측면에서 책임 있는 AI 개발을 위한 AI 전략 수립 방법을 살펴본다.

2장 기존 사업에 AI를 적용할 때 벌어지는 일들

인공지능 개발에 성공한다면 인류 역사상 가장 큰 사건이 될 것이다.
하지만 그에 따른 위험을 피하는 법을 배우지 못한다면
그것은 인류의 마지막 사건이 될 것이다.

– 스티븐 호킹(물리학자)

AI를 통해 달성하려는 사업 목표와 이유를 구체적으로 세우는 과정에서 AI 자체가 목표가 아니라는 점을 잊지 말아야 한다. AI는 매우 강력한 도구이고 혁신적이지만 우리가 세우는 전략은 비즈니스 목표를 추구해야 한다. AI를 마치 마법의 가루처럼 생각하는 것은 어리석다.

유서 깊은 패션 기업이 AI를 도입했을 때

밀라노 근교에 자리 잡은 유서 깊은 직물회사는 혁신의 일환으로 회사에 AI를 도입했다. 이 회사의 핵심 사업은 구찌나 루이비통 같은 명품 브랜드 디자이너에게 필요한 원단을 디자인해서 파는 것이다.

회사에는 아티스트와 일러스트레이터가 모여 있고 이들

이 그린 그림과 디자인 중 극히 일부가 명품 브랜드의 패션쇼에 오른다. 회사는 75년 넘게 이 일을 해왔기 때문에 수십 년에 걸쳐 축적된 물방울 디자인만 해도 5,000가지가 넘었다. 이 디자인 중에는 실제로 직물로 만들어 제품화된 것도 여럿 있지만 시안으로 남은 것도 많았다.

고객사들이 몇 가지 샘플과 비슷한 디자인을 요구하면 회사는 늘 디자이너들에게 새로 작업하도록 요구했기에 회사는 그동안 엄청난 양의 디자인 시안을 쌓아놓고 있었다. 그 많은 디자인 중에서 예컨대 1970년대 가을 시즌에는 선택될 가능성이 세 번째 정도였지만 2020년 봄 시즌에는 고객이 원하는 것과 정확히 일치하는 디자인 시안이 분명 있을 텐데 찾을 방법이 없었다. 회사 창고에는 연도별로 정리된 수백만 개의 파일과 샘플만 쌓여 있을 뿐이었다.

이 일을 AI에게 시키면 어떨까? 회사는 효율성 문제를 해결하기 위해 AI를 활용하기로 했다. 기존 카탈로그에서 디자인을 식별할 수 있는 시각 기반 유사성 검색 기능을 개발했다.

고객이 원하는 샘플과 비슷하거나 구체적인 미적 특징이 있는 디자인을 쉽게 찾을 수 있게 되자 순식간에 창고 속에 처박혀 있던 5,000개의 물방울 디자인이 빛을 보게 되었다.

고객의 요청이 있을 때마다 매번 새로운 그림을 그릴 필요가 없어졌다. 보관하고 있던 파일 중 10가지를 골라 제시하면 고객이 약간 수정하거나 바로 선택할 수 있었다. 덕분에 훨씬 효과적으로 고객의 요구를 만족시킬 수 있었다.

월마트의 재고 정리 AI 도입 과정

만약 재무팀에서 일하는 사람이라면 기업에서 사용하는 분석 소프트웨어 같은 소프트웨어 패키지를 선택하고 도입하는 과정을 잘 알 것이다.

기업에서 소프트웨어를 구매할 때는 제품의 장단점과 비용만 고민하는 것이 아니라 설치를 하고 직원을 교육하고 조직이 변화를 받아들이는 기간에 소요되는 여러 비용도 고려해야 한다. 이 모든 일을 주관하려면 새로운 소프트웨어의 결과물로 무엇을 할 계획인지 정확히 파악해야 한다. 기업이 한 소프트웨어 구매로 얻을 수 있는 이득에 따라 이 제품을 구축하는 시간과 예산이 결정되기 때문이다.

많은 면에서 AI도 다르지 않다. 대체로 비슷한 일들을 처리해야 한다. 해결하려는 비즈니스 문제는 무엇이며 AI가 이 문제를 해결하는 데 적합한 도구인 이유, 기대하는 결과와 목푯값이 잘 계획돼 있으면 성공할 확률이 훨씬 높아진다.

월마트는 매장에서 고객의 불편한 경험을 개선해 매출을 늘리겠다는 목표를 세웠다. 일단 가능한 많은 물품으로 선반을 가득 채우는 것이 고객 경험의 핵심이라고 판단했다. 만약 고객이 베이킹에 필요한 재료를 사러 왔는데 재고가 없어 발길을 돌린다면 월마트의 방문이 부정적인 경험으로 기억될 것이기 때문이다.

처음에는 이 문제를 극복할 수 없을 것처럼 보였다. 월마트 매장 선반에는 수천 종류의 제품이 진열되었다. 직원들이 하루에 네 번씩 매장 통로를 다니며 종이로 출력한 재고 리스트와 선반에 있는 물품을 대조하는 일은 비효율적이었다. 최신 정보를 유지하려면 매장별로 재고 출입 문서 작업을 전담하는 수십 명의 직원을 채용해야 했다. 비용이 많이 드는 것 외에도 재고 조사 직원들이 진열대가 있는 통로를 막고 있으면 정작 물건을 사려는 고객들을 방해할 수 있다.

이런 문제는 인간이 처리하기에는 지루하고 반복적이지만 머신러닝에는 훌륭한 기회가 된다. 어떤 행동을 계속 반복하는 작업이라면 머신러닝 알고리즘에게는 쉬운 일이지만, 사람이 한다면 단순작업에 막대한 비용과 기력이 소진될 것이다.

월마트는 재고 데이터 수집을 자동화하기로 했다. 보사노바 로보틱스Bossa Nova Robotics와 파트너십을 맺고 매장 통로를 천천히 이동하며 진열대를 거대한 파노라마 이미지로 촬영하는 로봇을 개발했다.

머신러닝 모델은 이 이미지를 분석하고 진열대에 있는 제품을 식별해 부족한 물건을 파악한다. 그러면 시스템이 창고 직원에게 알려 몇 분 안에 진열대를 채울 수 있도록 한다. 이 데이터가 월마트 직원에게 유용하려면 처음부터 끝까지 전체 과정이 1시간 안에 완료되어야 했다.

이렇게 제공된 데이터는 무척 유용했다. 자주 팔리는 물건을 즉각 진열대에 빈틈없이 채워 고객이 허탕 치는 일이 없었고, 월마트는 이 정보를 중심으로 효율적이고 신속하게 진열대의 물건을 보충하도록 전체 프로세스를 바꿨다. 하드웨어와 소프트웨어, 프로그래밍 방식 솔루션과 함께 여러 작은 머신러닝 솔루션이 커다란 문제 하나를 해결한 훌륭한 사례였다.

얼마 후 월마트는 이 프로젝트를 중단했다.* 로봇의 이동 반경이 통로 공간을 너무 많이 차지한다고 판단했기 때문이다. 소리 없이 나타난 로봇을 보고 고객들이 거부감을 느낀 것도 영향을 미쳤다.

그러나 이 프로젝트를 시작으로 5년 동안 AI를 활용한 월마트의 사업 영역은 확장되었다. 다른 문제와 마찬가지로 머신러닝은 문제를 해결하는 수많은 도구 중 하나일 뿐이다. 월마트가 재고 문제를 해결한 방식은 특별한 방법은 아니었다.

---

* "Walmart Drops Bossa Nova Inventory Robotics Program-Highlights Retail Robotics Challenges & Opportunities." *Robotics Business Review*, 17 Nov. 2020.

마르케사의 AI 드레스 제작기

여성들이 꿈꾸는 드레스라고 불리는 패션 브랜드 마르케사Marchesa는 2016년 코스튬 자선행사인 멧 갈라에서 '코그니티브 드레스'를 선보였다. 마르케사는 행사 5주 전부터 IBM 왓슨 사업부와 손잡고 AI를 접목한 드레스를 개발했다. 실루엣은 사람이 디자인했지만 장식과 색상, 세부 디자인은 IBM의 AI가 결정했다.

왓슨은 마르케사가 지난 몇 년 동안 제작한 200여 벌의 드레스 이미지를 촬영하고 몇 단계의 기준을 세워 순위를 매겨 소재와 색상을 결정했다. 또한 마르케사의 디자이너들은 드레스가 궁극적으로 표현하고자 하는 다섯 가지 감정, 즉 기쁨, 인내, 흥분, 격려, 호기심을 뽑았다. 그런 다음 색상 심리학을 접목하여 감정을 색조와 일치시키는 프로그램인 IBM의 코그니티브 컬러 툴에 입력했다.

드레스의 자수 꽃에 부착된 LED 조명은 #멧갈라, #코그니티브드레스 태그가 붙은 트위터의 감정적 내용을 해석할 수 있는, 왓슨의 정서 분석기 API와 연결됐다. 트위터의 반응에 따라 왓슨은 실시간으로 드레스의 색조를 변경했다. 예를 들어 트윗의 '기쁨' 값이 높으면 드레스가 밝은 장미색으로 변했다. 흥분한 톤의 트윗은 꽃을 푸른빛으로 바꾼다. 트윗이 긍정적이면 조명이 일정 방식으로 작동하고 부정적이면 다른 방식으로 작동했다. 이 드레스는 판매용으로 제작된 것이 아니었다. 단지 패션에 AI를 적용해보기 위한 실험이었다.

마르케사는 코그니티브 드레스로 무엇을 얻으려 했을까? 어떻게든 AI를 패션 사업에 적용해보는 것이 목표였다면 '그렇다'라고 대답할 수 있을 것이다. 이 프로젝트 이후 마르케사와 IBM의 협업은 지속되지 않았지만 두 회사는 이 드레스로 큰 홍보 효과를 봤다. 사실 AI 드레스 한 벌 만드는 일은 특별히 복잡한 것도 아니었고 비즈니스 목적으로 사용될 것도 아니었는데도 말이다.

농업에 머신러닝이 가져온 경제성과 효율성

골치 아팠던 일을 머신러닝을 활용하여 처리하는 사례는 이제 거의 모든 산업에서 찾아볼 수 있다. 특히 농업 분야에서 머신러닝 적용 결과는 여러 가지로 의미가 깊다.

농부는 머신러닝을 활용하여 비용 증가 없이 지속 가능한 방식으로 건강하게 농작물을 재배할 수 있다. 이전에 농부들은 살충제를 선택적으로 사용하고 싶어도 필요한 노동력을 고용할 여력이 없어서 모든 곳에 살충제를 뿌렸다. 농작물은 물론 환경에도 바람직하지 않은 일이었다.

이제 대부분의 농가에서는 분무 장치에 카메라를 설치한다. 농부가 할 수 없는 일을 머신러닝 모델이 대신한다. 머신러닝 모델이 잎사귀에 벌레가 있는지 파악한 다음 살충제를 뿌려야 하는 정확한 위치를 파악해 분무기에 알려준다.* 일부 사례에서 농부들은 기존에 사용하던 살충제를 90%까지 줄일 수 있었고 농작물에 뿌리는 살충제 양을 줄여 상품 가치도 올릴 수 있었다.

머신러닝 도구는 농장을 뒤덮는 잡초를 '찾아 없애는' 전략을 사용하는 데 큰 도움이 됐다. 미국 농기계 중장비 기업 존 디어John Deere가 인수한 농업 기술 회사 블루리버 테크놀로지Blue River Technologies는 카메라와 머신러닝을 이용하여 순식간에 농작물과 잡초를 구분하고 선택적으로 제초제를 사용하는 기술을 개발했다.**

머신러닝 기술이 농업에 미치는 경제성과 효율성은 엄청나다. 농부는 더 적은 살충제와 제초제를 사용할 수 있고 노동력에 드는 비용도 줄일 수 있다. 농부의 수익과 소비자의 건강, 환경에 모두 이득이 되는 일이다.

---

* Strickler, Jordan. "Blue River Technology Uses Facebook AI For Weed Control." *Forbes*, Forbes Magazine, 7 Aug.2020.

** Simonite, Tom. "Why John Deere Just Spent $305 Million on a Lettuce- Farming Robot." *Wired*, Conde Nast, 7 Sept. 2017.

이베이의 AI, 크릴로프 개발기

이베이에서 일한 11년 동안 회사는 체계적이고 확장 가능한 시스템과 프로세스, 팀을 구축하며 변화해나갔다. 물론 하루아침에 일어난 일이 아니라 신중하게 고려해 통합적 전략을 추진한 결과였다. 성공적으로 회생한 이베이는 데이터와 머신러닝을 더 많은 사업 영역에 적용하고자 했다. 하지만 전체론적인 AI 전략 없이 저마다 각기 다른 조직들에서 AI 이니셔티브를 가속화하기란 어려운 도전이었다.

전환을 추진하기 전, 우리 팀이 처음으로 개념에서부터 제작까지 새로운 AI모델을 개발하고 출시하기까지 수 개월이 걸렸다. 우리 팀은 팀워크도 훌륭하고 정말 열심히 일했지만, 회사는 인프라를 신속하게 구매하지도 않았고 회사에 존재하는 모든 데이터를 수집할 수 있는 환경을 마련하지 못했다. 이것은 여전히 많은 조직에서 공통으로 나타나는 문제다. 비효율로 인해 엄청난 지연이 발생했고 AI 주도권을 확보해야 하는 시장에서 경쟁력을 유지할 수 있을지 걱정하게 되었다. 물론 회사의 다른 팀들도 비슷한 문제를 겪었다.

2015년 이베이는 데이터 중심 조직을 향한 통합 비전을 실현하기로 결정하고 나중에 크릴로프Krylov라고 알려질 통합 AI를 위한 내부 플랫폼 개발에 착수했다. 이베이는 이니셔티브를 이끌 팀을 구성했다. 여러 팀에서 온 인원들이 AI팀에 모였다. AI 플랫폼팀은 서비스를 구축하고, 인프라팀은 플랫폼의 종속성을 제공하고, AI 도메인팀은 실제로 플랫폼에 적용하면서 활용 사례를 설명해야 했다.

도메인팀은 회사 각 팀에서 뽑혀 모였다. 광고, 컴퓨터 비전, 리스크 관리, 마케팅, 재무 등 미래의 AI 필요성을 충족시킬 플랫폼 구축에 관심이 있으면 누구나 참여할 수 있었다. 이렇게 구성된 팀은 완벽한 전략과 로드맵을 마련하기 위해 함께 일했다. 발견 단계에서는 전사에 걸쳐 AI 개발을 저해하는 장애 요소를 분석했다. AI 과학자들과 협력하여 일상적인 업무 프로세스를 이해하고 조직 전체에 부서별로 고립된 데이터 현황을 파악해 이를 해소할 방법을 찾았다.

도메인팀은 몇 년에 걸쳐 달성할 목표로 전략을 개발했고 여기에는 데이터에 안전하게 접근할 수 있는 거대한 중앙 집중식 클러스터(연관 있는 산업 기관과 부서들이 한곳에 모여 시너지 효과를 도모하는 일)가 필요했다. 모델 수명 주기 전반에 걸쳐 학습과 배포를 자동화하는 플랫폼이 왜 필요한지 구체적으로 밝히고 데이터 탐색, 준비, 저장을 포함한 보편적인 데이터 수명 주기 개념을 설명했다.

이 전략은 회사 전체의 다양한 업무와 프로세스를 수행할 때 플랫폼을 활용할 수 있도록 원칙을 세웠다. 소프트웨어 프레임워크나 하드웨어 요구에 대한 지원, 확장성, 오픈소스 기술을 어느 정도까지 공개할 것인지도 설정했다.

물론 플랫폼 구현은 하루아침에 이루어지지 않았다. 작은 규모로 시작해 개별 프로젝트를 구축했다. 그 자체로도 유용하지만 동시에 전체적인 플랫폼 개발까지 염두에 두어야 했다. 각 팀마다 명확하고 측정할 수 있으며 달성 가능한 지표가 포함된 업무가 할당되었다. 이 지표는 각 팀이 소속된 비즈니스 조직에 의미 있는 것이었다.

AI 비전을 널리 알리고 세부 사항에 친숙해지도록 회사의 모든 엔지니어가 AI플랫폼팀에 파견되어 AI플랫폼 구축에 도움을 줄 수 있는 교육 프로그램도 만들었다. 이 프로그램을 통해 AI의 개념과 기술을 교육하고 직원들의 능력을 확장할 수 있었다. 플랫폼에 대한 피드백을 주고받는 채널 역할도 했다.

크릴로프는 이베이의 AI 개발 능력을 비약적으로 향상시켰다. 이전에는 아이디어에서 프로덕션까지 모델을 개발하려면 1년 넘게 걸렸지만, 이후에는 며칠이면 충분했다. 중앙 집중식 거버넌스(공동의 목표를 달성하기 위하여, 주어진 자원 제약하에서 모든 이해 당사자들이 책임감을 가지고 투명하게 의사결정을 수행할 수 있게 돕는 일)로 회사의 법적 책임이 줄고 방대한 데이터를 시스템으로 관리할 수 있게 되었다. 신속한 AI 개발 덕분에 이베이는 시장 리더의 위치를 되찾을 수 있었고 이렇게 형성된 문화와 인프라는 변화하는 고객의 요구에 맞춰 빠르게 적응할 수 있었다.

이베이는 AI 주도 회사로 전환하는 데 매우 성공적이었다. 일관성 있고 전사적인 전략을 수립했기 때문이다. 하지만 한 번의 거대한 노력을 쏟는 방식으로 전개하지 않았다. 측정 가능한 중요하고 구체적인 문제들을 해결하면서 최종 목표를 고민했다. 무엇을 왜 달성하려고 하는지, 그리고 이것이 왜 중요한지 구성원들이 알아야 팀을 성공으로 이끌 수 있다.

크로스펑셔널팀을 구축하라

AI의 필요성은 인식했지만 어떤 문제를 AI로 해결할지 판단하기 어려울 수 있다. 필요한 데이터가 없거나 맥락이 부족할 수도 있다. 그러면 이렇게 생각할 수 있다. "데이터 과학자를 채용해야겠어. 그러면 저절로 해결되겠지." 하지만 이것은 퍼즐의 한 조각일뿐이다. 해결책을 얻으려면 전문가 한 사람을 영입하는 것보다 훨씬 많은 것이 필요하다.

성공적으로 문제를 해결하려면 공격할 문제를 파악하고 해결 방법을 찾아낼 크로스펑셔널팀을 구성해야 한다. 팀에는 데이터 과학자뿐만 아니라 해결할 비즈니스 과제의 우선순위를 파악하기 위해 사람들을 인터뷰하는 과학자들도 필요하다. 머신러닝 엔지니어도 필요하다. 이들은 문제 해결에 필요한 데이터가 존재하는지 확인해 그 데이터를 얻을 방법을 찾아낼 것이다.

여러 분야에서 모여 구성한 팀에는 제품 관리자나 현업 담당자가 반드시 있어야 한다. 이들은 팀의 중심이 되어 추구하는 목표를 정확히 이해하고 개발 중인 솔루션이 원하는 비즈니스 결과를 실제로 달성할 수 있는지 파악할 수 있다. 이처럼 성공적인 AI 솔루션에서 팀 구성과 같은 비기술적 구성 요소는 모델을 구축하는 데 필요한 기술적 요소만큼 중요하다.

뛰어난 의사도 혼자서는 수술할 수 없다. 수술용 칼과 수술실, 간호사팀과 의료 전문가들의 지원이 필요하다. 훌륭한 비즈니스 전략과 문제점 분석, 뛰어난 팀이 있다고 해도 데이터세트를 입력·저장하고 올바른 위치로 이동하고 조작하는 데 필요한 데이터와 도구, 인프라에 접근할 수 없다면 성공할 수 없다. 따라서 팀에 컴퓨팅과 스토리지, 네트워크와 관련된 복잡한 문제와 실질적인 일들을 담당할 수 있는 운영 인력도 필요하다. 이들의 지원이 프로젝트의 성공에 결정적인 역할을 할 것이다.

그리고 프로세스 초기에 데이터 획득 방법을 결정해야 한다. 정제된 고품질 데이터에 안정적으로 접근할 수 없으면 최첨단 하드웨어와 인프라가 있다고 해도 모델을 학습시키거나 테스트할 수 없다. 기업의 중요한 데이터를 관리하는 사람은 출처에 대한 맥락을 이해하고 활용 범위와 한계를 알기 때문에 반드시 팀에 속해야 한다.

시작하기 전 성공을 명확히 정의하라

마지막으로 프로젝트의 성공 내용을 구체적으로 정의하는 것이 매우 중요하다. 솔루션이 최적화할 지표를 미리 명확히 해두는 것이다. 일반적으로 부작용보다는 중요하게 생각하는 항목을 측정하는 것이 좋다. 그렇지 않으면 이베이에서 윌슨의 팀이 액세서리 공해로 의도치 않게 매출에 영향을 미친 것과 같은 위험을 일으킬 수 있다.

예컨대 생산성을 최적화할 때는 팀의 병가일 수를 측정하지 말아야 한다. 다른 팀보다 일은 두 배로 하지만 병가를 많이 쓴다면 생산성을 정확히 파악할 수 없다. 측정하는 대상이 측정 가능한 대상인지 파악하는 것이 중요하다.

일반 사람들을 대상으로 99%의 정확도로 뇌종양을 감지할 수 있는 모델이 있다고 생각해보자. 정말 믿을 수 없는 수치다. 하지만 현실을 들여다 보면 대단한 학습이 필요한 모델은 아니다. 일반적으로 뇌종양 발병률은 1%에 미치지 못하기 때문이다. 매번 "귀하에게 뇌종양이 발견되지 않았습니다"라고 예측하는 모델은 적어도 99% 정확하다. 이 지표만을 근거로 성공을 정의한다면 어떤 환자도 진단할 수 없는 뇌종양 진단 모델을 만들게 될 것이다.*

물론 정확도 같은 지표를 중요하게 생각하는 프로젝트도 있지만, 뇌종양 모델처럼 긍정 오류나 부정 오류를 줄이는 것이 중요한 프로젝트도 있다. 때로는 비즈니스 담당자들이 이러한 지표 사이의 미묘한 차이를 이해하기 어려울 수 있지만, 반드시 이해해야 할 부분이다. 전략 개발 과정에서 교육이 중요한 이유는 모든 사람이 성공의 의미와 해결해야 하는 문제에 대해 같은 인식을 갖게 하기 위해서다.

비즈니스 기반 소셜네트워크 서비스 기업인 링크드인Linked in은 메시지 시스템인 '인메일'을 통해 자신들이 원하는 채용 대상자에게 직접 연락하는 기업회원에 비용을 청구하여 수익을 창출한다. 그러기에 인메일 사용률이 중요한 성과 지표이며 비즈니스의 선행 지표가 된다.

링크드인은 매우 좁은 방식의 머신러닝을 활용하여 인메일 사용률을 높여왔다. 이를테면 채용 공고에서 채용 분야나 경력 등 특정 정보를 추출하여 가능성 있는 지원자에게 맞춤형 추천을 제공하는 방식이다.

---

* "Brain Tumor: Statistics." Cancer.Net, 12 Feb. 2020.

이러한 전략을 중심으로 링크드인은 AI모델의 성과 분석에도 주의를 기울였다. 고객의 인메일 사용률은 높지만 실제 재용으로 이어지지 않으면 수익을 포기하더라도 고객 만족도를 높이는 데 집중했고, 머신러닝이 도출한 정보를 포기하기도 했다.

모두가 비즈니스에 대한 긍정적이고 진취적인 목표를 가지고 AI 프로젝트를 시작하지만 전략과 지표를 명확히 정의하지 않고 바로 본론으로 들어가는 경우가 너무 많다. 우리는 같은 함정에 빠지지 말아야 한다. 근사한 기술 도입에 큰 비용을 지출하기는 쉽지만, 실제 비즈니스에 도움이 되지 않는다면 그 프로젝트는 실패할 수밖에 없다. 머신러닝 프로젝트의 결과물과 비즈니스 가치 실현을 구체적이고 명확하게 연결할 수 있는지 확인해야 한다. 그렇지 않으면 실제로 중요하지 않은 일에 시간과 돈과 에너지를 낭비하게 될 것이다.

이베이는 계획 단계를 신중하게 진행했다. 해결할 문제를 명확히 규정한 후 크로스펑셔널팀을 조직해 운영했다. 그렇게 여러 성공을 거두며 다년간 전략을 세워가며 확장시켜 나갔다. 회사 규모가 크지 않거나 자원이 부족하더라도 이들 사례에서 미리 전략을 세우는 것이 얼마나 중요한지 알 수 있다.

한 번에 모든 일을 하려 해서는 안 된다. 한꺼번에 모든 비즈니스 문제를 해결하려 들면 결국 아무것도 성공하지 못할 것이다. 작게 시작한 다음 반복하고 시간을 가지고 솔루션을 확장해 나가야 한다. 가장 먼저 해결하기로 선택한 문제는 앞으로 AI 프로젝트 여정의 기반이 되어 줄 것이다.

3장 골디락스 문제 선택하기

잘 알지 못하는 AI 방식을 밀어붙이려는 리더는 아마추어처럼 보일 뿐 아니라 결국 유지 비용이 많이 드는 솔루션을 내놓을 수밖에 없다. 해결할 수 있는 좋은 문제를 찾아 최선의 해결책을 찾아라. AI 없이 할 수 있으면 더 좋다. 머신러닝이나 인공지능은 다른 접근 방식으로 필요한 성과를 얻지 못할 때 사용하는 것이다.

– 캐시 코지르코프(구글 최고의사결정과학자)*

---

* Kozyrkov, Cassie. "12 Steps to Applied AI." *Medium*, The Startup, 17 Nov. 2020.

AI를 도입하기로 결정했다고 해서 모든 문제를 머신러닝으로 시도하려고 하는 것은 위험하다. 사실 그러면 안 된다. 올바른 과제 하나를 선택하여 시작하고 그 해결책으로 추진력을 구축하는 것이 더 중요하다. '골디락스* 문제'를 제대로 선정해야 한다.

오토데스크의 환상적인 골디락스 문제 설정

AutoCA나, 3ds Max 등의 건축·설계 소프트웨어 서비스를 제

* Goldilocks, 영국의 전래동화 <골디락스와 곰 세 마리>에 등장하는 금발머리 소녀의 이름에서 유래한 용어로 골디락스는 너무 차갑지도 뜨겁지도 않은 딱 좋은 상태라는 개념으로 많이 쓰인다.

공하는 기업 오토데스크Autodesk의 고객 기술지원 서비스는 아날로그 방식이었다. 수많은 엔지니어와 건축가들이 기술 설계와 모델 작업을 할 때 오토캐드 LT 소프트웨어를 사용하지만, 막히는 일이 생기면 고객 센터에 전화를 걸거나 메일을 보내는 방법밖에 없었다. 기업에서는 사람이 일일이 처리하다 보니 대기 순서가 길어졌다.

평범한 문의 사항을 처리하는 데 하루가 넘게 걸렸다. 그래서 오토데스크가 AI를 도입하기로 했을 때 해결해야 할 여러 가지 문제를 단 하나로 좁히기로 했다. 문의 사항 처리 시간을 단축하여 고객 경험을 개선하는 것이었다. 수백 가지 불편 사례와 문의를 자동화하는 모델을 개발하는 대신, 고객 센터에 접수되는 요청 가운데 압도적인 비중을 차지하는 단 하나의 문제만 해결하는 데 집중하기로 했다.

그것은 비밀번호 재설정 요청이었다.*

집중, 즉 비즈니스에 중요하고 범위가 좁은 문제를 파악하는 것이 오토데스크의 AI도입 성공에 결정적인 역할을 했다. 인바운드(고객이 건 전화를 받아서 처리하는 일) 문의 가운데 비밀번호 재설정 요청을 골라내는 일은 자연어 처리에 적합

* "Legal Notices & Trademarks." *Autodesk*, www.autodesk.com/company/ legal-notices-trademarks/trademarks/guidelines-for-use.

한 작업이었다. 사람들은 대개 비슷한 방식으로 문제를 설명하기 때문이다.

"로그인이 안 돼요." "비밀번호 재설정이 안 돼요."

오토데스크는 사용자들이 똑같은 문제를 해결하려고 요청한 이메일이나 음성 녹음 파일 같은 방대한 과거 데이터에 접근할 수 있었다. 비밀번호 재설정은 한 달에 수천 건이 접수되는 문의였다. 오토데스크가 이 절차를 AI로 자동화할 수 있다면 고객 센터의 상당히 많은 인력을 다른 고객 문의를 해결하는 데 활용할 수 있었다.

그리고 무엇보다 문의하는 고객 관점에서 비밀번호를 다시 설정하는 간단한 일에 하루 넘게 걸린다는 사실은 몹시 짜증나는 일이다. 이 회사 제품을 사용하는 전문가 고객이 업무에 꼭 필요한 프로그램에 로그인할 수 없어 업무 시간에 손 놓고 있어야 하다니, 형편없는 고객 경험과 불만은 회사의 비용으로 쌓여갔다.

구체적인 목표를 확인하자 오토데스크는 고객 문의 가운데 비밀번호 재설정 요청을 인식하는 모델을 구축했다. 문의가 들어오는 즉시 자동으로 식별할 수 있으면 사람의 개입 없이 비밀번호를 재설정할 수 있는 서비스로 연결했다.

그리고 비밀번호 재설정 문의를 감지하는 자연어 처리 모델만 개발한 것이 아니라 내부 시스템과 연결하여 재설정을 요청한 사람이 그럴만한 권한이 있는지 검증해야 했다. 그리고 비밀번호 재설정 요청을 처리하는 데 걸리는 시간을 당시 평균 1.5일에서 10~15분으로 크게 줄였다.

오토데스크의 골디락스 문제 해결 후 달라진 변화

이 해결책은 골디락스 문제 설정의 중요성을 환상적으로 증명한다. 또 고객 문의 중 비밀번호 재설정 요청을 판단하는 자연어 처리 모델이 완벽할 필요는 없었다. 처음에 이 모델은 접수되는 비밀번호 재설정 요청 가운데 70% 정도만 제대로 인식했지만, 고객의 문제를 해결하는 시간을 단축했다는 면에서 획기적인 기여를 했다.

시간이 지나면서 모델의 정확도는 높아지고 확장되었다. 오토데스크는 활성화 코드 요청에서 주소 변경, 계약 문제, 기술 문제 등 60가지 사용 사례를 인식하는 AI모델을 구축했다. 이 60가지 사용 사례도 해결하거나 자동화하기 쉬웠고 고객센터 직원들은 다른 고객의 더 복잡한 문제를 도울 수 있어 평균 처리 시간을 1.5일에서 5.4분으로 크게 단축할 수 있었다. 당시 오토데스크의 운영 담당 부사장 그레그 스프라토는 이렇게 말한다.

"고객 문의의 맥락을 파악하는 솔루션 덕분에 오토데스크는 고객 문의를 최대 99%까지 더 빠르게 해결할 수 있었습니다."

이것은 곧 비용 절감과 더 나은 고객 경험으로 바꿔 말할 수 있었고 조직 전체에 더 큰 AI 투자가 이루어졌다.

오토데스크는 해결해야 할 문제들 가운데 관리 가능하고 가치 있는 첫째 문제를 제대로 선택해 성공의 기반을 마련할 수 있었다. 단순하고 좁은 범위의 문제를 뽑아내 뚜렷하고 측정 가능한 성과로 나타났다.

처음부터 고객이 자주 문의하는 60가지 사례를 모두 해결하려 들지 않고 점차 자동화해나갔다. 팀은 한 가지 문제에 집중하여 신속하게 해결했고 그에 따른 경제적 가치를 증명했다. 동시에 앞으로 사용할 모든 솔루션의 프로토타입을 만들었다. 더 중요한 것은 팀이 단순히 모델을 만들어 다른 팀으로 넘긴 후 방치하지 않은 것이다.

처음 불거진 단순한 문제를 AI로 해결하고 이 가능성을 파악한다면 이후 수많은 문제를 해결할 수 있는 방법과 자원을 훨씬 쉽게 얻을 수 있다. 그리고 또 다른 골디락스 문제가 될만한 다양한 문제들을 골라낼 수 있을 것이다. 머신러닝으로 해결할 수 있는 최적의 규모와 영향력을 지닌 문제를 선택하는 것이 가장 중요하다.

그렇다면 골디락스 문제는 어떤 특징이 있을까?

미국 우정청의 골디락스 문제 선택

앞서 이야기한 것처럼 가장 좋은 골디락스 문제는 빨리 해결할 수 있을 만큼 작아야 한다. 비밀번호 재설정 요청처럼 예 또는 아니오, 둘 중 하나로 대답할 수 있는 문제가 좋다. 일반적으로 불특정 다수의 사람들은 이런 유형의 분류에 쉽게 대답할 수 있다. 사실 사람들 대부분이 같은 결론을 내릴 가능성이 크다. 이 작은 문제를 대규모로 해결하는 데 성공하면 확장은 쉬워진다.

이와 반대로 모호함을 해결해야 하는 문제는 좋은 후보가 아니다. 두 사람이 각자 생각하는 해답이 다르면 모델이 제대로 작동하기 어려워진다. 당신이 선택한 문제가 고객 문의를 100가지 카테고리 가운데 하나로 분류하는 일이라고 생각해보자. 잘 훈련된 사람이라도 카테고리를 익히고 충분한 예시를 제공하는 데 몇 주가 걸릴 것이다. 그리고 의견이 자주 엇갈릴 수 있다. 그렇다면 이것은 좋은 골디락스 문제가 아니다.

당신이 호텔 예약 사이트를 운영하는데 고객 후기를 분류하는 문제를 해결해야 한다고 가정해보자. 그러려면 각각의 호텔 후기에 고객이 언급하는 시설이나 음식의 질, 위치, 가격 등에 해당하는 태그를 달아야 한다. 태그를 지정하는 일은 단순해 보이지만 평가는 주관적이며 이 작업에는 엄청나게 많은 자원이 소모된다.

우선 간단하게 시작해보자. 특히 인간이 반복해서 하고는 있지만, 인간이 할 수 없는 속도와 규모로 컴퓨터가 해낼 수 있는 일을 찾아보자. 1965년 미국 우정청은 최초로 고속 광학 문자 판독기를 도입하여 우편물 분류 작업을 자동화했다. 사람이 일일이 우편물을 확인하여 우편번호로 분류하는 대신 기계가 우편번호를 인식하여 작업을 훨씬 빨리 처리할 수 있었다.

그후 1982년에는 컴퓨터 기반 광학 문자 판독기가 도입되었고 모든 우편물 분류를 자동화하는 바코드 방식을 사용하여 분류 과정이 더 효율적으로 바뀌었다. 1997년 미 우정청은 한 단계 더 나아가 손글씨 인식 기술을 개발하는 연구팀과 계약을 체결했다. 이 기술은 크리스마스 우편물이 쇄도하기 직전에 도입되어 현장에 투입한 첫해에 9,000만 달러가 넘는 비용을 절감할 수 있었다.

이 같은 발전은 모두 간단한 문제를 중심으로 이루어졌다. 우편번호 정보 한 줄을 읽고 우편물을 분류하는 일이었다. 이것은 범위가 좁은 작업으로 사람이 할 수 있는 일이지만 컴퓨터는 엄청난 속도와 규모로 처리할 수 있는 일이었다. 골디락스 문제에 대한 훌륭한 솔루션이었다.*

데이터가 많은 곳에서 시작하라

좋은 골디락스 문제의 특징은 같은 문제를 해결한 과거 사례 데이터가 많이 축적되어 있다는 것이다. 오토데스크의 비밀번호 재설정 요청이 여기에 꼭 들어맞는다.

이 회사에는 비밀번호 재설정 문의와 인간 상담원이 내용을 정확하게 파악하고 답변을 제공한 풍부한 과거 사례가 축적되어 있었다. 분류된 모든 과거 사례는 AI모델의 학습 데이터가 된다. 분류된 사례가 없다면 지금이라도 사람이 시간을 들여 검토하고 분류할 수 있는 사례를 찾아야 한다. 시간이 걸리는 작업이지만 프로젝트에 큰 도움이 된다. 그리고 보유한 데이터가 의도하지 않은 편향이나 불공정성을 포함하지는 않는지 확인하는 것도 중요하다.

---

* Saldarini, Katy. "Postal Service Tests Handwriting Recognition System." *Government Executive*, Government Executive, 17 Jan. 2012. "Pioneers in AI Systems." *Center for Unified Biometrics and Sensors – University at Buffalo*, 20 Apr. 2020.
U.S. Postal Service is adopting AI tech to process package data faster By Michelai Graham / staff. "U.S. Postal Service Is Adopting AI Tech to Process Package Data Faster." *Technical.ly DC*, 12 Nov. 2019.

미국의 한 콜센터 기업이 IBM의 음성 인식 서비스를 도입했다. 그런데 이 회사는 주로 스페인어를 사용하는 지역의 고객을 대상으로 한 콜센터였기에 AI시스템이 요청 사항을 제대로 파악하지 못해 서비스의 정확도가 만족스럽지 못했다.

IBM 팀은 문제점과 해결책을 금방 찾을 수 있었지만 안타깝게도 데이터가 없었다. 비슷한 산업군에서 비슷한 억양으로 대화한 많은 양의 콜센터 음성 데이터가 필요했다. 미국에서 사용되는 스페인어는 어디서 배웠는지에 따라 발음이나 억양의 차이가 크다. IBM에서 사용한 모델은 대부분 칠레식 스페인어로 학습한 모델이었고 콜센터에서 주로 소통하는 스페인어가 아니었다. 이 사례는 좋은 골디락스 문제가 아니었다. 분류는 비교적 간단했지만, 문제를 해결할 수 있는 적절한 데이터가 충분하지 않았기 때문이다.

위의 콜센터 사례처럼 기성 제품 모델을 구매해 기업에 적용하는 경우는 많다. 하지만 이런 제품을 도입하자마자 일을 성공적으로 해결하는 경우는 거의 없다. IBM에서 만든 스페인어 음성 인식 모델은 시장에서 인정받는 탁월한 제품이었지만 특정 회사가 특정한 비즈니스 목적에 적용하는 경우 그렇지 못했다. 사용 사례에 맞게 모델을 조정해야 했다. 어쩌면 전이학습(이미 학습한 지식과 기능을 바탕으로 새로운 상황에 맞게 성공적으로 활용하는 능력)을 활용할 좋은 기회가 될 수도 있다. 그러려면 필요한 용도와 매우 비슷한 기본 모델로 시작한 다음 목적

학습 곡선 모델의 비교 효과 *

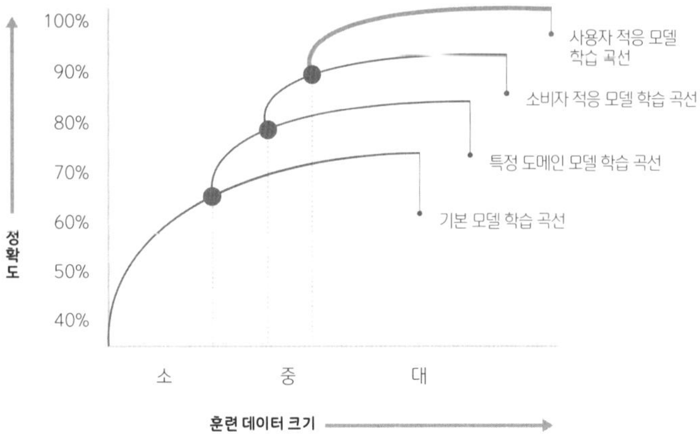

학습 곡선 그래프의 영역이 좁을수록 학습 속도는 빨라진다. 출처: 라마 아키라주(Rama Akkiraju)

에 맞게 넓혀갈 수 있도록 모델을 미세하게 조정해야 한다. 그래야 콜센터에서 사용하는 스페인어를 처리할 수 있다.

만약 오토데스크의 사례에서 고객 메일과 전화에서 사용되는 언어가 영어가 아니라면 모델을 적용하기 전 언어를 먼저 식별해야 할 것이다. 해결할 수 있는 문제와 해결되지 않는 문제의 경계를 명확하게 이해해야 한다. 그리고 이 경계에 대해 투명하게 소통할 수 있어야 한다.

* Akkiraju, Rama. "Artificial Intelligence (AI) Service and Solution Development Methodology for Enterprises - Part 3." *Medium*, 17 June. 2018.

시중 제품을 활용하는 것도 좋은 방법이다

기성 제품 모델은 다른 사람이 이미 개발해 판매하는 모델로 이미 학습된 상태로 제공된다. 이러한 기성 제품 모델을 도입해 회사의 골치 아픈 문제를 해결한 사용 사례들도 있다. 학습에 사용된 데이터가 각 기업이 해결하려는 구체적인 문제와 일치할 때다.

예를 들어 현재 사용 가능한 일반적인 기성품 AI모델은 고객 요청을 접수하고 이 요청이 어떤 언어로 되어 있는지 빨리 파악한다. 고객에게 문제 해결 방법을 신속하게 제공할 수 있고 그 일을 할 머신러닝 모델을 구축할 필요가 없다면 그것으로 이미 훌륭하다. 그 제품을 구매하면 된다!

만일 회사가 자사 상황에 딱 맞는 복잡한 맞춤형 모델을 직접 개발하고 테스트하여 배포하려면 최소 9개월에서 12개월은 감수해야 할 것이다. 첫째 의제를 무엇으로 해야 할지 선택할 때 지름길은 없는지 데이터 전문가와 사내 팀원들과 반드시 상의해야 한다.

시중에서 구입 가능한 기성 데이터를 활용하자. 힘들게 데이터를 수집하고 주석 레이블링 작업을 할 수고를 덜어주는 효과적인 대안이다. 그리고 이 데이터는 자체적으로 모델을 개발할 때도 활용할 수 있다. 고품질의 데이터는 있는 그대로 사용하거나 특정한 프로젝트 유형에 맞게 바꿔 사용할 수 있다.

이런 데이터세트를 제공하는 회사는 이미 모델 학습 과정에서 변동성을 제거하여 정확성을 보장한다. 가격이나 속도 면에서도 유리하다. 또 최근 추세가 개인 정보 보호와 보안에 대한 사회적 요구가 커짐에 따라 회사 내에 보유한 데이터를 활용하는 일이 쉽지 않아지는 점도 감안해야 한다.

AI팀의 영향력을 키우는 문제 설정

골디락스 문제는 빨리 해결할 수 있는 작은 문제여야 하지만 한편으로는 AI팀의 영향력을 발휘할 수 있는 큰 문제이기도 해야 한다.

매출 증가나 비용 감소를 측정할 수 있으면 솔루션의 가치가 높아진다. 솔루션이, 우편번호를 확인하여 우편물을 일일이 분류하는 일처럼 너무 단순하거나 반복되는 지루한 작업으로부터 사람들을 벗어나게 해준다면 긍정적인 인식을 심어주고 비용도 절감할 수 있을 것이다.

기업 경영에 있어 비용을 들여 새로운 무언가를 도입한다면 목표는 분명해야 하며 명확하게 측정하고 증명할 수 있어야 한다.

오토데스크의 비밀번호 재설정 사례는 이 목표에 완벽

하게 부합한다. 비밀번호 재설정 처리 과정에서 줄어든 고객의 시간을 정량화할 수 있으며 고객 만족도 점수도 높아졌음을 측정할 수 있다. 골디락스 문제는 매출이나 고객추천지수(NPS), 시간 가치처럼 명확한 지표와 연결되는 것이 좋다.

첫 번째 AI솔루션이 참신하거나 혁신적이면 조직의 기대와 관심을 끌 수 있다. AI와 전혀 무관한 팀이 AI로 할 수 있는 일에 흥미를 보인다면 조직 전체가 해결할 문제를 제안하고 AI팀이 하는 일을 적극 지원할 것이다.

쉬운 문제로 시작해 ROI로 증명하라

조직의 성숙도 즉, 구성원들이 AI를 많이 경험했거나 데이터를 신뢰하는 조직이라면 골디락스 문제를 선택할 때 유리할 것이다. 하지만 데이터를 신뢰하지 않는 조직도 있다.

이전에 여러 데이터를 바탕으로 내린 결론이 잘못된 결과를 초래했거나, 나타난 현상을 데이터로 잘못 해석해 피해를 입는 등의 경험을 했다면 사용을 꺼릴 수 있다. 경영자의 고민도 있을 수 있다. AI모델은 기업의 권력 구조를 바꾸고 직원들의 일자리를 없앨 수도 있다.

하지만 작은 성과로 AI의 가치를 증명하면 조직이 데이터 기반 회사로 성숙할 수 있다. 의사결정에 도움이 되는 데이터를 신뢰하면 그 결과 더 큰 문제를 해결하기 위해 AI를 사용하게 될 것이다.

AI 경험이 풍부하지 않은 회사라면 너 어려운 문제로 넘어가기 전에 쉬운 문제로 시작해보자. 처음부터 완벽하게 해내는 회사는 없다. 또한 만약 제대로 해결되지 않아도 비즈니스에 큰 피해나 곤란한 상황을 일으키지 않는 문제로 시작하는 편이 좋다.

다시 한번 말하지만, 오토데스크의 비밀번호 재설정이라는 골디락스 문제는 이 콘셉트에 맞는 훌륭한 예다. 자연어 처리 작업 분류기가 정확하게 작동하지 않거나 비밀번호 재설정 문의를 잘못 분류했다면 작업이 매끄럽진 않았겠지만 그렇다고 회사가 크게 위험해지거나 피해를 입지는 않는다. 요즘처럼 급변하는 시대에 AI팀과 기업은 더 중요한 비즈니스 프로세스와 더 민감한 부분을 다루기 전에 미리미리 AI 기술을 적절하게 적용하고 문제 해결 방법을 배울 수 있는 여유가 필요하다.

어떤 문제를 선택하든지 오늘의 성과를 설명할 수 있는 기준선을 계산할 수 있어야 한다. 그렇지 않으면 솔루션이 제공할 수익률(ROI)을 결정할 수 없다.

기업의 리더가 AI팀을 꾸려 데이터를 던져주고 놀라운 매출이나 통찰을 얻기를 기대한다면 대부분 실망할 것이다. 자칫 프로젝트가 실패하기라도 하면 대부분 리더들은 AI에 들인 비용과 시간을 아까워하며 다시 AI 개발에 투자하기를 꺼린다.

한 빅테크 기업이 진일보한 자동차 도난 방지용 경보장치를 개발하는 회사와 계약을 맺을지 고민했다. 기업은 사람들이 자동차 경보 소리를 들어도 무시하는 점을 문제로 꼽았다. 잘못된 경보음이 자주 울리기 때문이다. 하지만 차주가 경보음을 신경 쓰지 않으면 이 장치는 궁극적으로 무용지물이 된다. 경보가 더 정확하게 작동하면 많은 사람이 주의를 기울일 것이다. 뭔가 잘못됐다고 생각할 것이기 때문이다.

빅테크 기업은 AI 프로젝트를 진행한 경험이 상당히 많다. 이 회사는 여러 번의 실패와 성공 경험을 바탕으로 비용과 노력을 투입하기 전 올바른 문제에 접근하고 있는지 확인하기 위해 워크숍을 진행했다.

워크숍에서 정확한 문제점을 파악하려고 고민하는 동안 그 자리에 있던 한 디자이너가 머신러닝으로 해결할 문제가 아니라는 것을 알아차렸다.

만약 자동차 경보음이 세 번 들렸다고 해보자. 사람들은 자기 자동차에서 울린 경보가 아니라는 것을 눈으로 확인하고 안심한다. 두 번째 경보가 울리면 가서 내 차에서 울리는 건지 살펴볼까 고민하지만 어쨌든 자기 자동차가 아닐 가능성이 높다고 생각해 무시한다. 세 번째 경보가 울리면 다른 차의 경보기가 공연히 소란을 피운다고 생각하게 되고 이 장치는 공식적으로 쓸모없는 것이 된다.

그래서 도난 경보기를 더 정확하게 만드는 대신 경보음을 개인화하는 것이 필요하다는 결과를 도출했다. 그러면 자기 차에서 나는 소리인지 구분할 수 있고 정말 주의를 기울여야 하는지도 알 수 있다. 모델 개발을 시작하기 전에 문제를 분석하는 워크숍 덕분에 기업은 시간과 비용을 낭비하지 않을 수 있었다.

성공하는 AI기업은 어떻게 개발을 시작하는가

구글의 최고의사결정과학자 캐시 코지르코프는 이 점을 강조한다.

"잘 알지 못하는 AI 방식을 밀어붙이려는 리더는 아마추어처럼 보일 뿐 아니라 결국 유지 비용이 많이 드는 솔루션을 내놓을 수밖에 없다. 해결할 수 있는 좋은 문제를 찾아 최선의 해결책을 찾아라. AI 없이 할 수 있으면 더 좋다. 머신러닝이나 인공지능은 다른 접근 방식으로 필요한 성과를 얻지 못할 때 사용하는 것이다."*

---

* Kozyrkov, Cassie. "12 Steps to Applied AI." *Medium*, The Startup, 17

AI 경험을 오래 축적한 기업들은 데이터에 대한 관심과 믿음이 엄청나다. AI로 많은 성공을 경험한 바탕에는 양질의 데이터가 있었다. 모든 모델은 엄격한 A/B 테스트를 거친다. 재무 결정은 전적으로 데이터에 기반하여 내린다. 토론은 여러 의견을 듣는 것으로 시작하지만 늘 의견을 뒷받침하는 데이터를 확인하고 데이터에서 비롯된 올바른 의사결정인지를 판단한다. AI의 새로운 용도를 발견할 때마다 재빠르게 AI로 구현하는 문화와 프로세스를 가지고 있으면 AI를 활용한 프로젝트는 성공할 수밖에 없다.

문제에 맞닥뜨렸을 때 이를 해결하기 전 회사의 AI 경험 수준을 파악하자. 입증된 성공으로 추진력을 얻으려면 오토데스크의 사례처럼 쉽게 이해할 수 있고 영향력이 있으며 빨리 해결할 수 있는 문제를 선택하자. 실행하면 어깨가 으쓱해질 만큼 멋진 골디락스 후보들이 다양하게 있겠지만 AI 도입 단계에서는 거창한 시작보다 제대로 끝을 내는 것이 훨씬 더 중요하다. 그러므로 첫째 문제로 좋아 보이는 것을 선택하고 바로 시작하라.

처음 오토데스크는 고객 불만을 해결하는 시간을 단축하겠다는 크고 막연한 목표가 있었다. 하지만 현명하게 작은 문제 하나로 시작하여 빨리 제대로 해결했고 조직 안에서 신뢰

Nov. 2020.

와 인정을 얻어 AI모델을 확장해 더 많은 것을 개선할 수 있었다. 처음부터 이미 알고 있던 수십 가지 사용 사례를 해결하려 했다면 아무것도 제대로 해결하지 못했을 것이고 전체 프로젝트는 미완으로 끝났을 것이다. 골디락스 문제를 선택한 탁월한 안목 덕분에 회사 전체의 데이터 사용 성숙도도 높일 수 있었다.

앞서 강조했듯이 골디락스 문제를 해결할 때는 보유하고 있거나 사용 가능한 데이터가 중요하다. 기업이 보유한 활용 가능한 데이터와 그 데이터를 준비하는 방법은 프로젝트 성공에 지대한 영향을 미친다. 다음 장에서는 AI 개발과 학습에 필요한 데이터의 종류와 품질, 그리고 얻는 방법에 대해 살펴본다.

4장 AI는 데이터로 완성된다

안타깝게도 우리가 가진 데이터에는 편향이 존재한다.
이를 인정하지 않고 문제 해결을 위해 구체적인 노력을 하지 않는다면
편향은 영원히 유지되고 심지어 더 악화될 것이다.

– 캐시 백스터(세일즈포스 AI 윤리 프랙티스, 수석 아키텍트)

테슬라의 AI 자율주행 연구개발 책임 수석인 안드레아 카르파티는 2018년, 데이터 전문기업 아펜appen이 주최한 트레인 AI 서밋에서 정말 중요하지만 사람들이 과소평가하는 사실에 대한 프레젠테이션을 했다.

바로 현장에서 AI를 개발할 때 AI모델보다 AI모델 학습에 사용되는 데이터가 훨씬 중요하다는 내용이었다. 이것은 당시 학계에서 이야기하는 전형적인 패러다임과 정반대되는 의견이라 큰 화제가 되었다.

데이터 전문가들은 새로운 AI모델을 개발하는 데 온갖 노력을 쏟는다. 하지만 연구소에서 모델을 학습시키는 데 사용하는 데이터는 모델의 기능을 증명할 뿐 실제로 문제를 해결하지 못한다. 모델을 실제 현장에 투입해 비즈니스 목표를 달성하려면 제대로 된 데이터로 학습해야 한다. 그리고 모델을 훈련시키는 고품질의 정확한 데이터를 수집하기란 매우

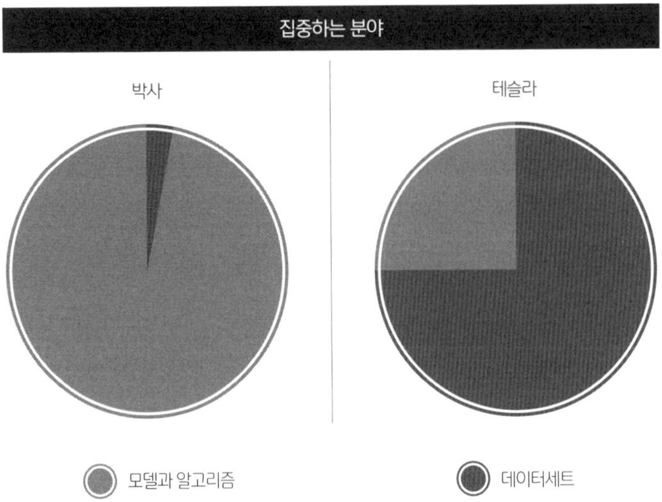

까다롭다.

세계 AI 연구 분야에서 가장 뜨거운 문제로 꼽히는 자율주행차 개발은 지구상에서 테슬라의 안드레아 카르파티가 가장 선두에 있는 사람이다.

자율주행차는 A 지점에서 B 지점까지 이동하는 방법뿐만 아니라 전체 환경을 인식하고 해석하는 방법을 학습해야 한다. 장애물을 식별하고 장애물과의 거리를 판단해 어떻게 움직일지 결정해야 한다. 정확성이 절대적으로 중요하다. 자동차가 잘못 판단하거나 장애물을 잘못 식별하면 누군가가 생명을 잃을 수도 있다.

자동차가 인식하고 피하도록 학습해야 할 가장 우선적이

고 중요한 장애물은 보행자다. 하지만 2차원 이미지 같은 센서 데이터로 보행자를 인식하도록 모델을 학습시키기는 무척 어려울 수 있다. 문제는 간단해 보인다. 이미지에서 보행자 주위에 상자를 그려 데이터세트에 주석(프로그램을 짠 코드 내에서 제작자의 의도와 흐름을 파악할 수 있도록 써놓은 컴퓨터는 읽지 못하는 텍스트, 코딩업무 효율을 높이며 협업할 때 유용하게 쓰인다.)을 입력하면 모델은 보행자가 어떻게 생겼는지 배울 것이다.

하지만 곧 복잡한 문제들이 등장한다. 보행자가 휠체어를 타고 있다면? 유아차는 어떻게 처리해야 할까? 유리나 거울에 비친 사람의 모습은 실제 사람과 어떻게 구별할 수 있을까? 버스 정류장에 붙은 포스터에 사람 실루엣이 있다면? 이렇게 생각하지 못한 것들이 혼란을 준다.

이 모든 가능성을 두고 처리하기 위해 데이터 주석 입력자와 소통해야 한다. 개별적인 편차를 처리하는 방법이 명확하지 않으면 일관성 없이 주석이 입력될 것이고 AI모델은 이런 상황이 발생했을 때 어떻게 처리해야 할지 파악하는 데 어려움을 겪게 된다.

제대로 된 데이터가 없으면 반드시 실패한다

일단 골디락스 문제가 명확하게 결정되면 그 이후의 단계는 순조롭게 추진할 수 있다. 문제를 해결하기 위해 필요한 데이터를 파악하는 일도 어렵지 않다. 데이터팀이 세부사항을 파악하는 데 도움을 줄 것이다. 다만 선정된 문제가 필요한 데이터의 종류와 품질 수준을 결정하게 될 것이다. 자율주행차의 경우라면 신호등 색깔, 회전 신호, 자전거 이용자의 수신호 등이 이런 항목에 포함될 수 있다.

일단 필요한 데이터가 파악되면 남은 문제는 데이터를 확보하는 일이다. 이미 회사가 데이터를 보유하고 있다면 정확한지 여부와 데이터에 정리된 주석을 검토해야 한다. 그런 다음 필요한 나머지 데이터가 어디에 있는지 찾아야 한다. 고품질의 주석 처리된 데이터를 안정적으로 확보하는 것은 프로젝트의 기본 전제 조건이다. 올바른 데이터가 없으면 무슨 수를 써도 프로젝트는 실패할 것이다.

월마트의 데이터 주석 작업 4단계

월마트는 선반 재고 파악 로봇 프로젝트를 시작할 때 갖고 있는 데이터가 전혀 없었다. 그래서 AI모델을 개발하기 전 로봇이 매장 수십 곳에서 통로를 오가며 이미지를 수집해 데이터를 모아야 했다.

이미지를 모은 다음에는 이 데이터에 주석을 입력해야 했다. 이미지 데이터만으로는 AI모델의 지도학습을 진행할 수 없었다. 학습하려면 이미지 하나하나가 무엇을 의미하는지 알아야 했다. 그러기 위해 월마트는 주석 과정을 네 단계로 구분했다.

첫째 단계에서 팀은 파노라마 이미지에서 진열대 사이의 간격을 식별하고 이미지 데이터에 위치 정보를 입력했다. 이것은 모델링을 위한 데이터 파이프라인(필요할 때 언제든 데이터를 쉽게 찾아 쓸 수 있도록 활용 가능한 좋은 상태로 데이터를 비축하는 개념)에서 이미지와 진열대를 구분하는 단계를 학습할 때 사용되었다.

둘째 단계에서는 진열대 이미지를 가져와 개별 선반의 경계를 입력했다. 셋째 단계에서는 선반 이미지에서 제품 포장과 상품 코드를 나타내는 부분을 식별했다. 그리고 넷째 단계에서 포장 이미지에 설명과 함께 주석을 입력했다.

모델을 훈련시킬 수 있는 주석 처리된 데이터가 충분히 모일 때까지 이 모든 작업을 사람이 해야 했다. 모델은 통로 하나의 파노라마 이미지에서 저마다 포장된 상품 이미지를 텍스트로 분류해야 했다. 주석 입력 자체는 까다로운 작업이 아니었지만 많은 양을 높은 정확도를 유지하며 빨리 처리해야 했다. 주석 처리된 데이터를 지속해서 사용할 수 있는 프로세스가 없었다면 월마트는 장기적으로 모델을 개발하고 유지할 확신이 생기지 않았을 것이다.

모델에 사용할 데이터를 확인할 때 데이터의 가용성이 궁금하다면 다음을 고려해보라.

데이터가 있는가? 쉽게 접근할 수 있는가? 비용이 얼마나 드는가? 괜찮은 데이터가 어딘가에 있거나 다른 용도로 쓰이지 않았는가? 데이터는 어떤 내용을 담고 있는가? 특이 케이스가 나타나는가? 앞으로 이와 같은 데이터에 더 많이 접근할 수 있는가?

오래 쓸 수 없는 데이터는 무의미하다

꼭 필요한 데이터인데 오래 사용할 수 없다면 다른 소스를 찾아야 한다.

IBM에 있을 때 소셜미디어 플랫폼 기업과 계약해 접근한 데이터를 AI모델 학습용 데이터로 사용한 팀이 있었다. 피치 못할 일로 회사 간 계약이 종료되자 데이터 사용이 차단되었고 덩달아 우리가 가지고 있던 모든 데이터도 삭제해야 했다. 그 데이터로 모든 모델을 학습시킨 탓이었다. 장기적으로 접근할 수 있는 다른 데이터세트를 찾아 다시 처음부터 시작해야 했다.

돌이켜보면 우리는 처음부터 그 데이터에 의존하도록 설정하지 말았어야 했다. 영원히 사용할 수 없다는 것을 예상할 수 있었기 때문이다. 하지만 이런 문제는 흔히 일어난다.

앞서 이야기한 브룩도 마이피트니스팔에서 같은 문제에 부딪혔다. 한동안 다른 회사 사이트에서 데이터를 가져왔는데, 나중에 그 회사가 방향을 바꾸자 더는 그 데이터를 사용할 수 없게 되었다. 오래 쓸 수 있는 제대로 된 데이터가 있는지 확인하는 일은 매우 중요하다.

AI모델을 학습시킬 데이터세트가 준비되지 않았더라도 필요한 데이터를 구하고 데이터를 얻을 수 있는 소스를 확보할 방법을 찾을 수 있다.

그리고 처음부터 시작해야 하는 경우라도 모든 것을 직접 할 필요는 없다. 필요한 데이터에 대해 세부적으로 협력할 수 있는 여러 회사들이 존재하기 때문이다. 전문 업체를 찾아 도움을 받을 수 있다.

올바른 데이터를 구하려면 비용이 들지만, 들인 비용보다 훨씬 큰 가치가 있다. 좋은 골디락스 문제를 선택했다면 문제 해결을 위해 올바른 데이터를 구하는 데 필요한 비용을 요청하기가 아주 어렵지는 않을 것이다. 그리고 이 프로젝트의 영향력을 알아볼 수 있는 좋은 리트머스 시험지가 될 것이다.

AI모델은 꾸준히 학습되어야 한다. 그렇지 않으면 모델을 둘러싼 현실이 변함에 따라 시간이 갈수록 모델의 정확도가 떨어질 것이다(이런 현상을 모델 드리프트라고 하고 9장에서 더 살펴본다). 데이터를 지속해서 사용할 수 있는지 확인하는 것은 중요하다. 최근에 한 산업 분석가가 이런 질문을 했다.

"5년 후에도 학습 데이터가 지금처럼 많이 필요할까요? AI모델들이 이미 다 학습되어 있을 텐데요. 제 생각에는 5년 내내 완전히 같은 사용 사례를 위해 새로운 학습 데이터를 생성할 회사는 없을 것 같거든요."

이 분석가의 말이야말로 완전히 틀렸다. 이런 일은 여전히 일어나고 있고 그것도 매우 흔하다.

아마존이나 구글, 애플 같은 빅테크 기업은 세계 최고 수준의 머신러닝 과학자들을 고용하고 이 분야에서 가장 압도적인 기술을 보유하고 있다. 또한 지금 이 순간에도 타 기업은 접근할 수 없는 마르지 않는 고품질 데이터가 생성되고 있으며 쉽게 쓸 수 있다. 이 모든 윤택한 환경에도 불구하고 이들 기업은 해마다 데이터 주석 작업에 수억 달러를 지출한다. 진화하는 언어의 의미를 최신 상태로 유지하여 콘텐츠를 관리하기 위해서다.

오늘날의 사회적 금기는 몇 년 전 모델이 처음 만들어졌을 때와 다르다. 꾸준히 주석을 관리하고 모델을 재학습하지 않으면 대중의 생각과 기준이 바뀜에 따라 점점 더 많은 유해 콘텐츠를 허용하게 될 것이다.

월마트의 재고 추적 AI모델을 개발하는 팀이 원하는 수준의 완성도에 근접할 무렵, 월마트에 제품을 납품하는 많은 기업들이 자사 제품의 포장 디자인을 바꾸고 있었다. 이것은 포장 식별과 관련된 AI모델을 위해 수집한 모든 학습 데이터가 실제 배포했을 때 생성되는 데이터와 일치하지 않는다는 의미였고 AI모델의 정확도가 크게 떨어질 수 있었다.

다행히 그동안 로봇이 통로를 돌아다니며 꾸준히 사진을 찍어왔기 때문에 데이터 소스를 제어할 수 있었다. 학습 데이터를 모두 버릴 필요도 없었다. 새로운 포장 디자인은 기존 디자인과 비슷할 가능성이 높았다. AI모델이 예전만큼 정확하지는 않겠지만 여전히 근접할 수 있었다.

상품 표시는 영어로 기입했을 것이고 바코드는 늘 흰 바탕에 검은 선으로 표현될 것이다. 그렇지만 새로운 데이터로 모델을 최신 상태로 유지하고 새로운 현실을 처리할 수 있도록 개선하는 것은 여전히 중요하다. 데이터는 수집된 시점의 상태만큼만 유효하기 때문이다.

이 데이터는 어디에서 와서 어떻게 쓰이는가

데이터의 출처를 고려하는 것도 중요하다. 기업에서는 데이터가 어디에서 어떻게 오게 되었는지 기록하지 않고 여러 부서에 흩어져 있는 것을 흔히 볼 수 있다.

데이터는 수집된 시점부터 회사 데이터베이스에 저장되기까지 의미 있는 방식으로 변경되거나 처리되었을 가능성이 매우 크다. 사용 중인 데이터가 어떻게 이곳에 오게 되었는지 알 수 없다면 결국 쓸모없는 AI모델을 만들게 될 것이다.

한 개발자가 직장에서 사용한 비용을 분류하고 최적화하는 AI모델을 개발한다고 생각해보자. 회사의 비용 시스템에 접근할 수 있고 거기에는 필요한 거의 모든 것이 있을 것이다. 영수증 사진이 있고 항목마다 금액과 사용 목적이 입력되어 있다면, 경험이 적은 데이터 과학팀은 해당 데이터를 그대로 가져와 사용할 것이다. 하지만 1,000달러가 넘는 비용에 대해 부서마다 결재 방침이 다르다는 것은 알지 못할 수 있다. 이런 경우 일반적인 시스템을 건너뛰고 결재를 받기 위해 누군가의 책상으로 가야 한다.

이런 시나리오라면 AI팀은 제대로 사용할 수 없는 모델을 개발하느라 많은 시간과 비용을 낭비할 것이다. 데이터의 출처와 맥락을 확인하지 않고 표면적으로 생각했기 때문에 그들이 만드는 모델은 비즈니스 문제를 온전히 해결하지 못할 것이다. 그 전에 원 데이터가 데이터 저장 장소로 가는 동안 변경되지 않았는지, 데이터세트가 원 데이터의 일부가 아니라 전부를 나타내는지 확인해야 한다.

월마트는 처음 프로젝트를 시작할 때 매장 한 곳에서 데이터를 가져왔는데 이는 실험을 시작하기에 충분했다. 그러나 총 다섯 개 매장으로 확대하자 그 단계에서 기대했던 만큼 AI모델이 제대로 작동하지 않았다. 다섯 매장은 기본적으로 비슷했지만 선반의 형태나 외관 등의 느낌이 조금씩 달랐고 매장마다 선반에 진열하는 제품도 달랐기 때문이다.

한 매장의 데이터로 학습한 모델은 실제 환경에서 접할 수 있는 거의 모든 데이터를 처리하기에 부족했다. 이런 종류의 문제는 단발적으로 일어나는 것이 아니라 매우 일반적이므로 제품 매니저는 이를 예상하고 계획해야 한다.

학습 데이터가 현실 상황에서 발생할 수 있는 모든 사용 사례를 포함하는지 확인하는 것은 AI모델 성능에 절대적으로 중요한 과정이다. 사용자의 모든 사용 사례를 고려할 수 없기 때문에 월마트의 사례처럼 모델이 처리할 수 있는 범위를 인위적으로 제한하지 않는지 검토해야 한다. 무엇을 모르는지 알 수 없겠지만 실제 환경에서 어떤 일이 일어날지 여러 각도로 예상하려고 노력해야 한다. 그리고 가정을 신뢰하지 말아야 한다. 접근할 수 있는 데이터를 기반으로 가정을 검증하고 현장에 있는 모델을 모니터하여 특이 케이스를 식별해야 한다.

AI모델을 연구하는 데이터 과학자는 그들이 만든 AI모델을 사용할 일상적인 고객의 활동에서 멀리 떨어져 있다. 따라서 프로젝드가 시작되면 해결하려는 비즈니스 문제와 개인적으로 가까워지는 기회를 만들어야 한다.

보사 노바 로보틱스는 데이터 과학팀원들을 월마트 매장에 보내 통로를 직접 걸어보게 했다. 현상을 제대로 이해하고 있는지 확인하기 전에 사용자 과학자들이 온몸으로 문제를 탐색하도록 해보는 것이다. 실제로 해당 분야에서 일하고 있는 사람들에게 학습 데이터의 고유한 특성에 관해 물어보고 AI개발 현장의 생각과 얼마나 동떨어져 있는지도 반드시 확인하자.

좋은 것에 쓰레기가 섞이면 쓰레기가 나온다

월마트는 데이터를 수집하는 매장 수를 늘리자 해당 데이터의 오류도 함께 증가하는 문제에 직면했다. 매장 면적이 넓어지자 로봇이 엉뚱한 통로에 가 있거나 전력 부족으로 가야 할 통로를 빠뜨리기도 했다.

이렇게 잘못 수집한 부적절한 데이터는 제거해야 한다. 이런 데이터에 주석을 입력하면 제대로 학습하지 못한 모델이 나올 수 있다. 이런 데이터를 제거한 후에도 잘못된 데이터에 의존하지 않는지도 확인해야 한다. 그렇지 않으면 처음 시작한 곳으로 돌아가야 한다.

데이터 품질은 주석의 정확성에 따라 달라진다. 주석을 다는 사람들이 완전하고 올바르게 작업을 수행하는지 확인하는 품질 관리 프로세스가 있어야 한다. 그렇지 않으면 AI 모델의 정확성이 떨어진다.

예를 들어 자율주행 모델을 만들 때 사진 속 자동차 주변에 상자를 크게 그리면 주변의 나뭇가지나 도로 등도 자동차라고 인식하게 된다. 나뭇가지나 도로도 자동차라고 인식하면 모델이 자동차가 어떻게 생겼는지 학습하는 데 오랜 시간이 걸릴 것이다. 비슷하게, 음성 메시지를 텍스트로 옮긴 것으로 주석을 달거나 해석이 모호한 단어를 사용하는 등 오류가 섞인 내용으로 이루어진다면 불량한 모델이 나올 것이다.

이것은 모델의 잘못이 아니다. 부정확한 데이터로 모델을 학습시킨 결과다. 좋은 것에 쓰레기가 섞이면 쓰레기가 나온다.

최근 코로나바이러스 감염증이 확산하자 높은 품질의 데이터 필요성이 실제로 증가했다. 세계 보건 기구는 언어 기술 자원이 부족한 저개발국가 언어 사용자에게 필요한 보건 및 안전 지침을 제공하는 데 어려움을 겪고 있음을 알게 되었다.

아펜은 아마존과 페이스북, 구글, 마이크로소프트 같은 서대 데이터 기업과 '국경 없는 번역가'와 협력하여 언어 지원이 부족한 37개국 언어 데이터 자료를 구해 주석 입력 작업을 진행했다.* 이 프로젝트는 정보 제공에만 국한되지 않고 '국경 없는 번역가' 웹사이트에서 검색할 수 있도록 코로나19 관련 핵심 용어 7만 개의 데이터세트를 개발하고 있다.

사람만 데이터에 주석을 입력하는 것은 아니다. 다른 머신러닝 모델이 사용할 수 있도록 머신러닝 모델로 주석을 달거나 데이터를 보강할 수 있다. 예를 들어 먼저 객체 감지 모델을 사용하여 사진에 있는 모든 자동차에 주석을 생성하고 나면 사람이 주석을 검토하고 경계 상자를 조정하거나 누락된 상자를 추가한다. 자동 음성 인식(ASR) 모델을 사용할 수도 있다. 이때는 음성 데이터를 텍스트로 바꾼 다음 사람이 내용을 검토하고 조정한다.

이런 접근 방식에는 몇 가지 문제가 있다. 모델이 생성한 주석의 편향이 학습할 모델에 영향을 미칠 수 있다. 따라서 사용 전에 반드시 사람이 데이터를 검토하고 수정해야 한다. 그

* Communications, TWB. "TWB Partners with Tech Leaders to Develop COVID-19 Language Technology." Translators without Borders, 6 July. 2020.

러나 머신러닝 개발에 이 방법을 적용할 수 있으면 사람이 주석 작업을 할 때 드는 비용을 크게 절약할 수 있다.

AI 개발을 시작할 때 비용 문제는 중요한 쟁점 중 하나다. 그렇다고 비용 때문에 저렴한 데이터를 사용하는 일은 피해야 한다. 저렴한 데이터를 사용하면 돈은 절약되겠지만 모델을 개발하고 수정하는 과정에서 더 많은 비용이 소요된다. 그리고 수정 작업을 수행하는 비용이 좋은 데이터를 구입하는 초기 비용보다 훨씬 크다.

최근 산업분석기업인 가트너의 데이터 품질 시장 조사에 따르면 2017년 데이터 품질 문제로 인한 기업 손실이 약 1,500만 달러에 이를 것으로 추산했다. 처음부터 고품질 데이터에 비용을 아끼지 않는 것이 시간과 비용 면에서 훨씬 효과적이다.*

"당신의 기침소리까지 녹음하고 있다"는 기사가 뜬다면

프로젝트에 투입할 데이터를 수집할 때 보안 문제도 명확히

* "How to Stop Data Quality Undermining Your Business." *Smarter With Gartner*.

해결해야 한다. 개인 식별 데이터나 의료 데이터, 정부가 통제하는 데이터를 사용할 때 법적으로 또는 계약 조건에 따라 사용이 제한되는 경우가 반드시 생기기 때문이다. 당연히 이런 데이터세트에 대한 접근 제한 수준이 데이터 획득 전략에 반영되어야 한다.

크게 민감하지 않을 것 같은 데이터세트도 안전하게 다뤄야 한다. 데이터를 누가, 왜 가지고 있는지에 따라 보안의 쟁점이 달라질 수 있다.

페이스북에서 사용자의 좋아요 정보는 개별적으로는 민감하지 않을 수 있지만 집단으로 보면 비즈니스 인텔리전스(기업이 보유하고 있는 수많은 데이터를 정리하고 분석해 기업의 의사결정에 활용하는 일련의 프로세스)에서 중요한 역할을 할 수 있다. 데이터가 익명 처리되어 개인 식별 정보가 유출되지 않더라도 잘못된 곳으로 흘러들어가면 페이스북에는 재앙이 될 수 있다. 페이스북은 이런 정보를 활용하여 알고리즘을 개발하고 때에 따라 광고주에게 직접 판매도 하기 때문이다.

한 빅테크 기업이 컴퓨터에 내장된 마이크를 통해 기침 소리를 감지하여 주석을 생성하는 매우 민감한 프로젝트를 진행하고 있었다.

회사는 주석을 달 때 기침 소리가 어떤 장소에서 들렸는지, 야외인지 실내인지, 젖은기침인지 마른기침인지 등을 분류하도록 요구했다. 누구의 기침 소리인지 아무도 식별할 수 없었지만 회사는 이 데이터를 매우 신중하고 조심스럽게 처리했다.

만약 〈뉴욕타임스〉에서 "빅테크 기업이 당신의 기침소리까지 녹음하고 있다"라고 보도한다면 대중들이 거세게 반발하고 탈퇴 행렬이 이어질 것이다. 또 내부에서 조심스럽게 진행하는 프로젝트인데 경쟁사들에게 자신들이 무슨 연구를 진행하는지 노출될 것이었다.

월마트는 데이터 파이프라인을 구축할 때 재고 파악 로봇에서 얻은 데이터가 보안 플랫폼을 거쳤는지, 모든 주석 작업자들이 비밀 유지 계약에 서명했는지 철저히 확인하고 시작했다. 누구나 월마트 매장에 가서 진열장에 있는 제품들을 기록할 수 있지만 매장의 콘셉트와과 여러 매장에 걸쳐 대규모로 판매되는 품목, 배치 전략은 회사의 기밀 자료다. 경쟁 우위를 포기하지 않고서는 이런 정보를 아무나 접근하게 둘 수 없다.

미국 보훈부는 자살하는 퇴역 군인의 수를 줄일 목적으로 리치벳REACH VET이라는 AI 프로그램을 사용한다.* 보훈부는 리치벳을 통해 퇴역 군인이 자살 위험에 처하는 시기를 예측해

* Carey, Benedict. "Can an Algorithm Prevent Suicide?" *The New York Times*, 23 Nov. 2020.

미리 대처하고 싶었다. AI팀은 자살 위험이 있는 퇴역 군인을 분류해 추적, 관찰하고 이를 사전에 막기 위해 의료 기록과 보훈 서비스 이용 내역, 의약품 처방 정보 등을 기반으로 한 AI 모델을 개발했다. 이 모델은 매우 민감한 정보를 바탕으로 돌아가기에 데이터 보안이 특히 중요하다. 또한, 의료 정보를 포함하기 때문에 데이터 수집 시 의료 정보 보호법을 준수해야 한다.

데이터 파이프라인 구축하기

데이터 파이프라인을 개발할 때 가용성, 적용 범위, 출처, 품질, 보안을 모두 고려해야 한다. 파이프라인의 모든 단계는 일관되고 반복 가능하며 정확해야 한다. 정교하게 계획해 문서화시키고 반복하며 활용 가능한 파이프라인은 장기적으로 현장에서 AI모델이 성공하는 데 큰 도움이 될 것이다.

AI를 처음 접하는 사람들은 모델을 구축하는 과정이 가장 어려울 거라고 생각한다. 하지만 AI모델 구축보다 모델에 쓸 데이터를 준비하고 파이프라인을 구축하는 과정에 훨씬 더 많은 시간과 자원, 에너지와 기술이 투입된다. 반복 가능하고 확장할 수 있는 파이프라인이 없으면 최고로 설계된 모델이라도 실전에서 사용될 수 없다.

데이터는 한 번 쓰고 끝낼 수 있는 문제가 아니다. 데이터 파이프라인을 구축하여 운영하고, AI모델이 사용되고 있는 한 양질의 데이터를 계속 공급해야 한다. 머신러닝 시스템 학습에 사용할 올바른 데이터를 구하는 일을 만족스럽게 해결했으면 이제 이 일을 실제로 해낼 팀을 조직해야 한다.

5장 강력한 AI조직 구축하는 법

훌륭한 팀워크는 혁신을 만드는 유일한 방법이다.
그리고 이 혁신이 우리의 경력을 정의한다.

– 팻 라일리(미국 프로 농구팀 마이애미 히트 대표)

IBM 왓슨 사업부에는 정교한 AI모델을 신속히 구축할 수 있는 기술 인프라와 유능한 직원들이 있었다. 하지만 내가 함께 일한 모든 팀에서 가장 큰 골칫거리는 주석 처리된 데이터를 제대로 소싱하는 일이었다. 전문적으로 데이터를 판매하는 회사에서 프로젝트와 맞는 데이터를 선정해 구매하는 일이 내 일 중 하나였지만, 특수성과 다양성이 요구되는 고품질 데이터를 대량으로 보유하고 있는 회사의 수는 극히 적었다.

데이터를 찾아낸다고 해도 엄청난 비용이 들었다. 나는 이 고민에서 새로운 기회를 발견하고 IBM을 떠나 크라우드플라워CrowdFlower라는 데이터 주석 회사에 제품 담당 부사장으로 자리를 옮겼다. (이 회사는 나중에 머신러닝기업 피겨에이트Figure Eight가 되었다.) 내가 옮긴 크라우드플라워에는 엄청난 규모의 데이터가 있었지만 처리 과정을 더 효율적으로 만들 머신러닝 인텔리전스가 없었다. 나는 드디어 내가 고민하던 문제를 해결할 제품을 만들 수 있었다. 수준 높은 머신러닝 팀은 있지만 데이터가 부족한 회사에서, 머신러닝 경험은 부족하지만 데이터는 풍부한 환경으로 이직했기 때문이다.

유능한 인재가 활약하는 조직 구축하기

새로운 회사에는 엔지니어링팀, 머신러닝팀, 제품디자인팀이 있었지만 어느 팀도 서로 주기적으로 소통하지 않았다. 팀마다 각자의 리더십을 갖고 의사소통과 프로젝트를 진행했다. 각 팀은 주간 회의를 하고 체계에 따라 보고했다. 직무 간 협업을 위한 의사소통은 거의 없었다.

이런 수직 구조의 단점으로 나타난 문제는 회사 전체 조직이 출시한 소프트웨어가 별로 없다는 것이었다. 각자 다른 일정으로 진행되었기 때문에 백엔드(프런트엔드는 사용자에게 시각적으로 보여지는 부분, 즉 UI나 이미지, 텍스트, 화면 구성 등을 구축하고 백엔드는 사용자에게 드러나지 않는 DB공간, 서버 등을 구축하는 일을 뜻한다)팀이 프로젝트에 투입되기 전까지 프런트엔드팀은 전체 사용자 인터페이스(UI)를 구축할 수 없었다.

백엔드팀의 일정을 겨우 맞춰놓으면 프런트엔드팀은 다른 부분으로 옮겨간 뒤였고 프런트엔드와 백엔드를 연결하는 작업이 잘 진행되지 않았다. 그러는 동안 머신러닝팀이 AI모델을 구축해도 이를 수용하거나 제품에 통합할 준비가 된 팀이 없었다.

팀마다 똑똑하고 유능한 인재들이 있었지만 팀은 고립되어 있었다. 특히 머신러닝팀은 나머지 사업팀과 동떨어져 있어서 문제를 해결할 때 필요한 사내 자원을 구하기 어려웠다. 그리고 매출을 내지 못한다고 느낀 탓에 좌절하고 있었다. 다른 팀 사람들도 불만이 있었다. 회사에서 돈을 많이 써서 유능한 고연봉 인재들을 모아놓았다는 머신러닝팀에서 획기적인 것을 내놓지 못한다고 느꼈기 때문이다.

고급 인력 제대로 활용하기

스타트업이 살아남으려면 시장에서 차별화되는 획기적인 제품과 서비스를 끊임없이 출시해야 한다. 회사는 상품성이 큰 머신러닝 레이블링 주석 제품을 빨리 내놓지 못하면 사업을 접어야 하는 상황이었다.

몇 달 뒤 나는 새로운 경영진과 함께 이 문제를 해결하기 위해 머리를 맞댔다. 수직적인 회사 조직 구조를 수평적이고 기능적인 팀 구조로 개편했다. 그리고 새로운 팀의 구성원은 제품 담당자, 디자이너, 머신러닝 담당자 한 명씩과 프런트엔드 개발자와 백엔드 개발자였다.

각 팀은 매일 만나 부딪치는 요소들을 조율하고 드러날 문제점들을 미리 공론화했다. 인사 조직이나 공식적인 보고 체계는 바꾸지 않았다. 단지 새로운 팀 개념을 도입했고 모든 사람이 기본적으로 두 개의 팀에 속하게 되었다.

기존에는 '제품', '머신러닝', '엔지니어링' 같은 전통적인 이름으로 구성됐지만 나중에는 '마켓플레이스'나 '엔터프라이즈' 같은 수평적인 팀이 새로 만들어졌다. 우리는 수평적 팀이 신선한 정체성을 갖도록 팀 이름을 재미있게 정하게 했다. 보안이나 분석 같은 엔터프라이즈 기능을 담당하는 팀은 '스타트렉' 테마를 가져와 '스타십 엔터프라이즈'라고 불렀다. 사람들이 자긍심을 느끼고 함께 즐길 수 있는 이름이었다.

하지만 이런 변화는 또 다른 반발에 부딪혔다. 머신러닝 팀은 자신들이 애자일 조직(날렵한, 민첩한이라는 사전적 의미로 급변하는 비즈니스의 변화에 맞춰 부서 간 경계를 허물어 소규모 셀로 업무를 빠르게 수행하는 조직)에서 작업하는 것이 불가능하다고 주장했다. 프런트엔드팀은 일관된 프런트엔드를 구축하려면 자기들끼리 함께 모여 일해야 한다고 주장했다. 익숙했던 작업 방식과 달랐기 때문에 처음에는 모두 크게 반발했다.

우리는 수평적 협력과 애자일에 중점을 두면서도 여전히 기존 팀의 일원이라는 점을 강조하며 균형을 잡았다. 앞으로도 프런트엔드 개발자들은 매주 만나 제품 전반에 걸쳐 개발의 일관성을 유지하도록 서로 도울 것이고, 마찬가지로 제품

팀은 제품 요구 사항을 논의하기 위해 계속 만날 것이었다. 그렇게 수평적 협력을 훨씬 강조하는 환경을 조성했다.

수평적인 팀을 한 번 구성하면 최소 2주 이상 유지하도록 했다. 2주마다 효과가 있는 것과 없는 것이 무엇인지 묻고 피드백에 따라 변화를 주었다. 때로는 어떤 사람을 한 팀에서 다른 팀으로 옮기는 일이기도 했고 회의 형식을 바꾸거나 새로운 회의를 추가하거나 회의를 없애는 일이기도 했다.

이 과정을 예닐곱 번 반복하고 나자 수평적인 팀이 제대로 돌아가기 시작했다. 사람들은 교차 업무 팀의 구성원으로서 자신의 새로운 업무 정체성을 발전시켰다. 마켓플레이스 팀은 자신이 해결하고 있는 과제가 무엇이고 이 팀 작업이 사업에 어떻게 힘을 실어주는지 깨닫자 자부심을 느꼈다.

엔터프라이즈 팀은 보안과 대규모 플랫폼 인프라에 집중했다. 각 팀이 고유의 정체성을 잃지 않으면서도 새로운 에너지를 찾자 팀원들이 새로운 팀에 소속감을 느꼈고 이직률도 낮아졌다. 우리는 100달러를 써서 팀 이름과 로고를 디자인한 스티커를 주문했다. 그러자 사람들이 자기 노트북에 붙일 스티커를 갖고 싶어 했다. 새로 만들어진 수평적 팀 중 하나에 소속되는 것은 '멋진' 일이 되었다. 하지만 인사 관점에서 보면 이런 변화는 새로운 부서가 생긴 것이 아니라 단지 일하는 방식이 달라졌을 뿐이었다.

인센티브의 재구성

전사적으로 바꾼 것 중 중요한 인사 문제는 인센티브였다. 당시 제품팀은 출시한 제품의 매출에 따라 보너스를 받았다. 인프라팀의 보너스는 플랫폼 가동시간을 바탕으로 결정되었다. 품질관리팀은 제품 출시 전에 제거한 오류에 따라 보너스가 결정되었다. 머신러닝팀의 보너스는 모델의 정확성과 연동되었다.

인센티브의 기준이 달랐기 때문에 새로운 팀에서 다들 한 가지 목표를 향해 일하지 못했다. 머신러닝팀은 더 정확한 AI 모델을 만들어 훈련하고 테스트하려면 비싼 컴퓨터가 필요했고 이를 회사에 요구했다. 머신러닝팀 평가 기준에 따르면 이들이 회사의 재무구조에 굳이 민감할 필요도 없었고 AI모델이 반드시 매출을 일으킬 필요도 없었다.

반면 인프라팀은 새로운 기능이나 제품 출시를 반기지 않았다. 새로운 기능을 선보이면 여기저기에서 문제가 터져나와 해결해야 할 일들이 많아지고 가동시간에 영향을 줄 위험이 있기 때문이었다.

그래서 우리는 팀을 재구성하면서 인센티브도 재구성했다. 우리는 기능적 목표가 전체 보너스에 기여하는 비중을 30%에 가깝게 줄이고 나머지는 팀의 모든 구성원이 회사 전체 매출을 공유하는 공통 인센티브로 대체했다. 그러자 회사의 조직은 훨씬 협업 위주의 시스템으로 돌아갔고 비즈니스 중심적인 고품질의 결과물을 얻을 수 있었다.

이 모든 변화 덕분에 고객이 원하는 제품을 더 많이 출시할 수 있었다. 구조조정을 하기 전 해에는 기능을 개선한 서너 개 제품을 선보였지만, 그다음 해에는 33개 제품을 출시했다. 똑같은 사람과 똑같은 자원으로 이루어진 변화였다. 시장에 다수의 제품을 출시한 것도 의미 있었지만 제품 대다수에 머신러닝 기능이 탑재되었다. 머신러닝 인력이 각 팀에 파견되었기에 가능한 결과였다.

위와 같은 상황은 정말 흔하게 일어난다. AI로 큰 효과를 보길 고대하는 회사는 데이터 전문가 몇 명을 채용하여 그들만의 팀을 만들어놓고 손을 뗀다. 하지만 AI모델만으로 해결할 수 있는 비즈니스 문제는 매우 드물다. 대부분의 문제는 복잡하고 다층적이어서 데이터 파이프라인, 인프라, 사용자 경험, 비즈니스 위험 분석 등 다양한 기술이 필요하다. 달리 말해 머신러닝은 비즈니스 프로세스, 고객 경험, 제품에 통합되어야 하고 실제 제품으로 출시되어야만 의미가 있다.

머신러닝 제품은 절대 데이터 과학자로 구성된 팀만으로 개발할 수 있는 것이 아니다. AI가 작동하려면 여러 팀의 협업이 필요하며 이들이 한 팀처럼 일해야 한다.

AI 조직 구성의 3가지 형태

AI팀을 조직하는 방법은 정답이 없다. AI 도입 시기나 AI 준비 상태, 팀의 수준, 인력의 수, 비즈니스 목표, 성공 측정 방식에 따라 달라진다.

집중형 조직 구조

집중형 조직 구조는 규모가 작은 회사나 이제 막 AI를 도입했지만 조직 전체에 AI를 구축할 여력이 없는 회사가 선택하기에 적합하다. 중앙 집중식 AI 전담팀을 만들고 조직 전체를 총괄해 AI 업무를 책임지게 한다. 전담팀은 다른 모든 영역이나 부서와 협력하고 AI가 필요하면 누구나 이 팀에 와서 모델이나 응용프로그램 구축을 협의한다.

집중형 구조는 상당히 유연하다. 중앙 집중화를 통해 회사 전체에 AI 업무의 일관성을 유지하고 제한된 자원을 효율적으로 쓸 수 있다. 하지만 AI가 회사에서 차지하는 비중이 커질수록 집중형 AI 조직은 요구되는 업무를 충족시키기 위한 확장이 어려워진다.

분산형 조직 구조

분산형 조직 구조는 규모가 크고 AI 성숙도가 있는 회사에 적합하다. 이런 조직에는 여러 영역이나 상품 라인 전반에

집중형 조직 구조

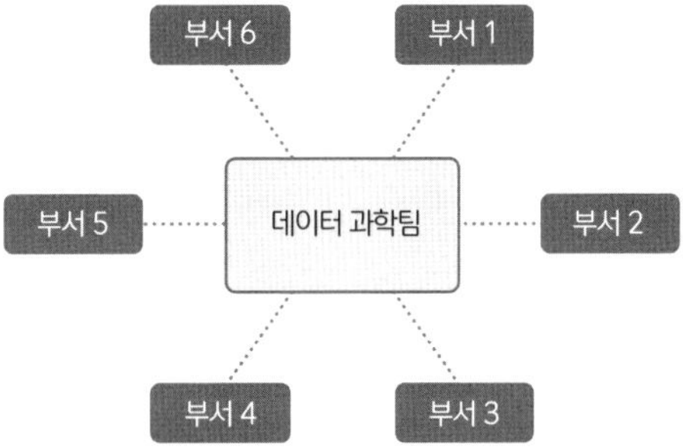

분산형 조직 구조

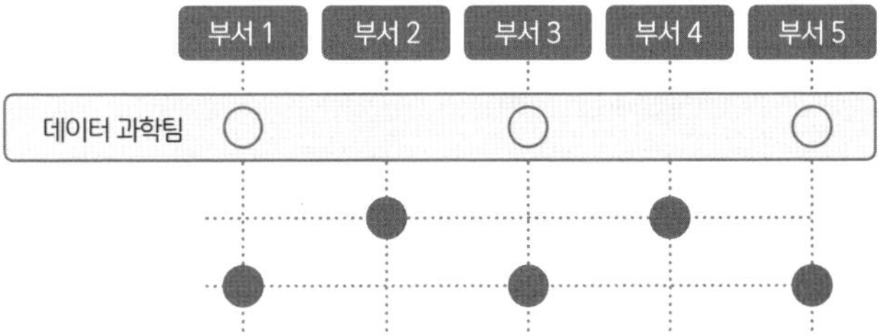

기능형 조직 구조

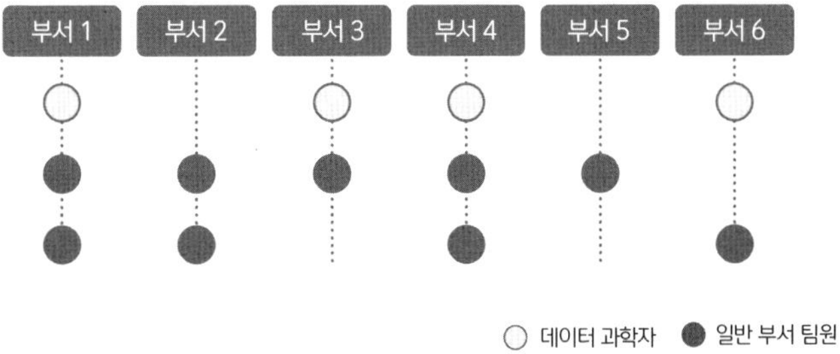

걸쳐 공략하고 싶은 AI 문제가 상당히 많을 수 있다. 예컨대 여행사라면 호텔 및 항공권 예약, 맞춤 휴가 상품 등을 AI로 개발하거나 사용하고 있을 것이다. 제품군마다 구체적인 요구사항은 다를 수 있지만 해결해야 할 AI 문제들은 유사점이 많을 것이다

분산형 조직에서 AI팀 구성원들은 각자 다른 문제를 맡게 될 것이다. 두세 명은 '호텔' 상품을 맡아 일하고 다른 몇 명은 '항공권' 상품을 작업하는 식이다. 이들은 상품별로 각기 다른 비즈니스 문제에 집중해 해당 부서의 사람들과 도출한 문제를 머신러닝에 연결해 매핑한 후 솔루션을 제공하고, 업무 환경에 배포하고 고객 피드백까지 처리할 수 있다. 이들은 수평적 조직을 유지하면서 AI팀의 구성원으로서 아이디어를 공유하고 새로운 기술을 배우며 어떻게 하면 서로가 더 잘 협력할 수 있는지 찾기 위해 각자의 솔루션을 비교한다.

분산형 조직 형태는 매우 다양하다. 비즈니스 영역 전반에 걸쳐 다양한 문제들을 동시에 처리하며 적합한 인력을 각 부서에 배치할 수 있다. 그러나 팀 구성원은 두 명의 관리자에게 보고해야 하기 때문에 이러한 구조는 개별 문제의 수가 증가함에 따라 더욱 복잡해질 수 있다. 분산형 조직 관리자들은 AI팀 구성원들이 불필요한 경쟁을 하지 않도록 책임을 명확히 하는데 공을 들여야 한다.

기능형 조직 구조

규모가 크고 AI 성숙도도 높은 회사라면 기능형 조직 구조로 옮겨갈 수 있다. 이런 회사는 오랫동안 AI를 개발해왔고 많은 사업부문에서 AI 개발이 중요한 지분을 차지할 것이다. 부서마다 데이터 과학자와 엔지니어들이 있어서 자체적으로 모델을 구축해 배포할 수 있고, 중앙 조직에 별도로 보고하지 않는다. 머신러닝팀은 도메인팀의 일부이고 이 팀의 모든 업무는 해당 도메인을 위해 이루어진다.

다소간 차이는 있지만 모든 도메인에 독립적으로 일하는 자체 AI팀원이 있으면 조율 문제가 발생할 수 있다. 분산형 조직과 비슷하게 회사 전체에 걸쳐 AI 품질의 일관성을 유지하려 AI 담당자끼리 소통하고 수평적인 관계를 유지하는 것이 중요하다.

인력이 부족할 때 채용 우선순위

피겨에이트에 있을 때 AI 개발이 모두 완벽하게 진행되었던 것은 아니다. 팀마다 많은 차이가 있었다. 예컨대 모든 팀에 높은 수준의 인력을 균일하게 공급할 수 있을 만큼 프런트엔드 인력이 충분하지 않았다. 여기서 오는 업무 공백은 채용으로 해결해야 했다. 또 모든 기업이 피겨에이트처럼 전체적인 조직 개편을 할 여력이 없을 수도 있다. 완전히 처음부터 시작해야 할 수도 있다. 하지만 걱정할 필요는 없다.

제일 먼저 채용하거나 팀에 영입해야 하는 사람은 제품 매니저나 비즈니스 분석가처럼 비즈니스 문제를 깊이 이해할 수 있는 사람이다. 이들은 문제를 해결할 수 있는 기술 자원을 파악할 수 있을 뿐 아니라 솔루션 자체의 성공과 수익률도 놓치지 않는다. 이들은 팀의 계획을 관리하고 가치 창출을 이끄는 사람이다. 중요한 것은 이 역할을 비정규직이나 계약직 직원에게 맡기지 않아야 한다. 팀에 완전히 몰입할 수 있는 사람이어야 한다. 그렇게 해야 회사 안에서 프로젝트를 지키고 옹호할 수 있다. 그리고 사내 여러 방해요소들에 영향을 받지 않고 효율적으로 팀을 목표로 이끌 수 있다.

다음으로 팀에 합류해야 할 사람은 데이터 과학자다. 이들은 제품 매니저와 협력하여 비즈니스 문제를 머신러닝 문제 해결 프레임워크와 연결할 수 있다.

물론 데이터 과학자와 머신러닝 엔지니어만으로 팀이 완성되는 것이 아니다. 응용 AI의 학문적 접근(모델 구축, 테스트, 최적화)과 그 결과물을 운영하는 일 사이에는 큰 차이가 있다. 데브옵스(DevOps, Development와 Operations의 합성어로 시스템 개발과 운영을 병행 및 협업하는 방식) 인력을 팀에 포함시켜 AI모델을 운영, 배포, 유지할 수 있는 도구를 관리해야 한다. 이들은 엔터프라이즈 규모에서 모델을 운영한 경험이 많지 않은 데이터 과학자들에게 문제를 다루는 기술을 제공할 수 있다.

AI모델을 구축하려면 제품이나 프로세스에 적합해야 한다. 따라서 모델을 통합할 설계자와 운영자의 참여가 필요하다. 또 응용프로그램을 개발한다면 사용자 인터페이스 디자이너와 응용개발자가 필요하다.

한 대형 피트니스 회사가 인력을 순환배치하는 방식으로 건강관리 앱을 만들려고 했다. 대학을 갓 졸업한 인력들이 팀에 합류했다. 업무에 진전이 생기기 시작하면 모두 팀을 떠나고 회사는 다음 팀을 만들어 일을 넘겼다. 3~6개월 동안은 인턴의 도움을 받는다. 하지만 그 팀은 비즈니스 측면에서 실질적인 리더십이 없었다. 1년에 두 번씩 프로젝트를 거의 새로 시작하는 것이나 다름없었다. 놀랄 것도 없이 그 프로젝트는 아직까지 진행 중이다.

소프트 스킬의 중요성, AI를 모르는 팀과 협업하는 능력

많은 기업이 채용에서 하드 스킬(학력, 성적, 자격증 등 정량화하기 쉬운 업무 능력)을 지나치게 강조한다. 때로는 기술이나 언어 능력을 보기도 하고 특정 산업이나 분야에서 쌓은 경험을 보기도 한다.

물론 중요하고 필요한 자격이지만 호기심이나 겸손, 협업처럼 데이터 과학자가 갖춰야 할 소프트 스킬(리더십, 대인관계 기술, 유연성, 태도, 소통 능력 등 정량화되지 않는 기술)도 하드 스킬만큼 중요하다.

소프트 스킬은 이력서에 표현하기 어려울 수 있지만 머신러닝 기반 소프트웨어를 출시하기 위해 팀으로 일할 때 매우 중요한 능력이다. AI팀이 가진 기술이나 경험, 요구사항이 매우 다양하므로 데이터 과학자는 자신의 하드스킬을 이해하지 못하는 사람들과도 소통할 수 있어야 한다. 그리고 팀 전체가 성공하기 위해 다른 팀에 어떤 도움이 필요하고 자신이 무엇을 제공할 수 있는지에 대해 말할 수 있어야 한다.

겸손함도 필요하다. 몇 년간 배운 학교 교육이나 경험이 소프트웨어를 개발하는 데 필요한 모든 것이라고 생각하지 않아야 한다. 자존심이 강하거나 자신의 능력을 증명하려는 사람은 항상 끝이 좋지 않다. 이런 사람은 팀의 일원으로 일하기가 무척 어려울 것이다.

팀 리더는 소프트 스킬이 두 배 이상 중요하다. 관리자가 해야 할 가장 중요한 일은 모든 사람이 필요한 정보를 명확히 공유하고, 자주 대화하고, 같이 일할 수 있는 편안한 환경을 조성하는 것이다. 구성원들이 팀에서 개인적으로 안정감과 신뢰를 느낄 때 서로 소통하고 협력할 수 있다.

물론 이런 사항은 AI팀에만 해당하는 것이 아니다. 경영

서적에서도 자주 볼 수 있는 뻔한 이야기일 수도 있다. 하지만 AI 기반 소프트웨어를 개발할 때 다양한 관점을 파악하고 저마다 다채로운 문화 배경을 이해하는 리더가 필요하다. 채용할 인력을 선택할 때 자격증과 경력만 신경쓰느라 협업 능력을 빠뜨리는 실수를 범하지 말아야 한다.

팀의 구조나 구성에 상관없이 조직이 제공해야 하는 가장 중요한 한 가지는 명확한 임무다. 초기 단계에서부터 조직은 팀이 해결해야 하는 과제를 이해하고 해결해나가야 한다. 조직이 명확한 임무와 임무 달성에 필요한 지원을 제공해야 팀이 성공할 수 있다. AI모델을 배포할 시점이 되면 보안 문제와 윤리적 문제를 관리할 수 있는 책임과 거버넌스 문화도 필요하다.

AI 솔루션을 구축하려면 조직 전체의 지원이 필요하다. 피겨에이트는 이를 깨닫는 데 시간이 걸렸지만 이제 당신은 오래 시간이 걸리지 않을 것이다. AI가 풀어야 할 문제는 부서간 팀 협업을 통해 해결할 수 있다.

지금까지는 AI를 준비하는 데 필요한 기본 단계에 관해 이야기했다. 다음 장에서는 첫 번째 골디락스 파일럿 문제부터 배포 과정까지 AI를 구체적으로 실행하는 방법에 대해 살펴본다.

6장 성공으로 향하는 파일럿 설정하기

깊이 생각하고 헌신적으로 행동하는
소수의 시민이 세상을 바꾼다는 것을 의심하지 말라.
실제 세상은 그러한 소수에 의해 바뀌어왔다.

– 마거릿 미드(문화인류학자)

미국 전역에 걸쳐 언론사를 운영하며 자동차 판매도 같이 하는 한 기업이 AI를 도입하려고 시도한 적이 있었다. 자동차를 사고파는 미국인이라면 거의 모두 이용하는 이 회사에는 그동안 판매한 중고차 이미지가 방대하게 축적되어 있었다.

이 회사는 이미지 데이터에서 신사업을 위한 새로운 자료를 캐내고 싶었다. 움푹 들어가거나 녹슨 부분, 다른 여러 가지 흠집들의 정보를 AI가 자동으로 식별해 체계적으로 분류할 수 있다면 수리 일정을 효율적으로 관리할 수 있을 뿐 아니라 고객에게 사고 처리 방법을 정확하게 설명할 수 있고, 앞으로 이 데이터를 여러 가지 사업에 활용할 수 있으리라 생각했다.

회사는 AI팀을 꾸려 자동차 이미지에서 흠집과 녹슨 부분을 찾을 수 있는 모델을 만들도록 했다. 모델 개발에 착수한 AI팀은 이 일이 보기보다 복잡한 문제임을 파악하고 다른 머신러닝 회사 몇 곳과 하도급 계약을 맺었다. 적어도 한 곳에서는 이 일을 빠르고 정확하게 해내길 바랐다.

1년 동안 몇백만 달러를 지출했지만 60~70% 이상의 정확도를 달성하는 모델이 나오지 않았다. 가장 큰 문제는 사진 속 조명이 균일하지 않아 명암이 일관되지 않았다. 야외에서, 차고에서, 지하주차장에서 저마다 각기 다른 곳에서 찍은 사진들을 모델에 투입하면 흠집과 녹슨 자국, 단순한 그림자를 정확히 구분하지 못했다.

이 문제에 투입된 컴퓨터 비전 기술 과학자들의 실력이 부족해서 실패한 것이 아니었다. 컴퓨터 비전 기술은 해결하기 어렵기로 악명 높다. 데이터 레이블링(인공지능을 만드는 데 필요한 학습 데이터를 입력하는 작업)과 복잡한 모델 구축에는 막대한 투자가 필요하지만 사업적 가치가 투입된 비용만큼 크지 않은 경우 많은 기업이 사업 타당성을 찾기 어렵다.

트위터의 테러리스트 계정 삭제 작업

이런 일은 흔했다. 많은 기업들이 AI팀에 단 한 가지 비즈니스 애로사항을 해결하라고 요청하기보다 거대하고 추상적인 과제를 던져주고 시장에 출시된 제품 수준으로 해결책을 찾아오길 요구한다. 그리고 이것을 어떻게 사용할지는 나중에 생각했다. AI팀이 제대로 된 결과물을 만들어내지 못하는 것은 놀랄 일이 아니었다.

이와 대조적으로 트위터는 구체적인 비즈니스 프로그램을 염두에 두고 AI 개발을 시작한 좋은 사례다. 개발 이후 프로그램에 머신러닝을 적용하여 다양한 문제를 해결하면서 시간이 갈수록 모델이 훨씬 정교해질 수 있도록 확장해나갔다.

트위터는 스팸이나 악성 계정 문제로 오랜 시간 골치를 앓았다. 2017년 상반기에 트위터는 테러리스트 계정을 겨냥한 머신러닝 기반 접근법을 구축했다. 이 방법으로 6개월 만에 거의 30만 개의 계정을 제거할 수 있었다. 몇 년이 지나 2019년 7월에서 12월 사이에는 거의 300만 개의 계정을 제거할 수 있었다.

2017년에 시작했던 트위터의 파일럿(테스트 프로그램, 프로젝트 또는 제품 등을 일컫는 말) 프로그램은 발전을 거듭해 그 후로 플랫폼을 점검하기 위해 다양하고 광범위한 사용 사례로 확장되었다. 2020년 11월 미국 대통령 선거 기간에 트위터는 거짓이거나 오해의 소지가 있는 콘텐츠를 면밀하게 모니터했고 이런 정보를 포함하는 트윗에 자동으로 회사의 면책 조항을 고지했다.

앞서 소개한 자동차 회사는 성공할 수 있는 파일럿을 설정하지 못했다. 과제가 너무 크고 일반적인 데다 데이터는 제대로 선별되지 못했고 성취할 비즈니스 가치는 모호했다. 비용 타당성이 부족하자 결국 프로젝트를 폐기해야 했다. 반면에 오토데스크는 비밀번호 재설정이라는 하나의 문제에서 60가지 사용 사례로 확장했다. 처음에 파일럿을 올바르게 설정하면 프로젝트를 성공적으로 달성할 가능성이 매우 높아진다.

성공하는 파일럿은 어떤 형태인가? 전략목표 세우기

훌륭한 파일럿은 트위터나 오토데스크가 그랬듯이 정확한 목표를 설정해 계획되고 세심하게 확장된다. 매개변수들은 명확하게 정의된다. 파일럿은 시간과 규모, 범위가 제한되고 통제된 환경에서 실행된다.

때때로 훌륭한 파일럿은 개발할 수 없다고 깨닫는 파일럿일 수도 있다. 모든 파일럿이 실제로 적용되는 것은 아니지만 나쁜 파일럿은 끝까지 갈 수 있는지 여부를 구분할 수 없기 때문이다. 가장 중요한 것은 훌륭한 파일럿이라면 핵심 비즈니스 기능에 부하를 주지 않고 실행된다는 것이다.

가트너에 따르면 실제로 AI 파일럿 중 20% 정도만 개발에 성공한다. 80%는 앞에서 설명한 여러 이유로 실패한다. 올바른 문제를 선택하지 못하거나, 명확한 전략이 없거나, 올바른 팀을 구성하지 못했거나, 지속 가능한 데이터 인프라가 구축되지 않거나, 보안이나 윤리적 고려사항을 무시했기 때문이다. 파일럿은 성공을 측정할 수 없거나 목표가 현실적이지 않고 성취가 불가능할 때도 실패할 수 있다. 무엇보다 파일럿은 비즈니스 요구를 제대로 해결하도록 디자인되지 않을 때 실패한다.

현재 파일럿의 80%가 실패한다고 했지만, 좋은 소식도 있다. 프로젝트가 부딪히는 대부분의 기술적 문제들은 사전에 제대로 계획을 세우면 피해갈 수 있다. 우리는 고객사와 일하면서 모범 사례를 적용하여 무려 67%의 파일럿이 실제 완제품으로 이어지는 것을 확인했다.

다음 장의 표는 비즈니스 문제의 가치를 명확히 설명하는데 사용할 수 있다. 그리고 경영자와 기술 담당자가 서로 협력하는 데도 도움이 될 것이다.

파일럿은 그 자체로 성공할 수 있지만 실제 업무 환경에 어떻게 통합될지 미리 생각해놓지 않으면 프로젝트 전체가 실패할 수 있다. 비즈니스 작업 흐름에 어떻게 통합할 것이며 이 통합 작업을 하려면 누가 전문가인가? AI모델이 누군가의 노트북 안에 있으면 아무 쓸모가 없다. 배포돼서 가치를 제공하고 성과를 낼 수 있어야 한다.

파일럿 제작 전 검토해야 할 전략 목표			
영역	**질문**	**대답**	**예시**
목표	우리의 가장 중요한 비즈니스 목표는 무엇인가? [SMART 원칙으로 정의: 목표는 구체적(Specific)이고 측정 가능(Measurable)하고 달성 가능(Achievable)하며 현실적(Realistic)이고 시기적절(Timely)해야 한다.]		2022년 상반기에 북미 지역 기반 잠재 고객의 ARR을 15% 높인다. * ARR: 연간 반복 매출(Annual Recurring Revenue)
	이 파일럿의 가장 중요한 비즈니스 목표는 무엇인가? (SMART 원칙으로 정의)		2022년 6월까지 캘리포니아 기반 잠재 고객의 ARR을 15% 높인다.
	왜 이 목표를 달성하는 것이 가치 있고 중요한가?		이 목표는 주주에게 가치가 있고 주가와 회사 가치가 실질적으로 증가할 것이다. 캘리포니아 지역은 성장 가능성이 가장 큰 시장이므로 장기적으로 회사의 매출 안정성을 보장할 것이다.
	성공 평가 기준은 무엇인가?		목표 달성 비율(0~100%)에 기반한 프로토타입 완성과 출시 결과 반영
팀	목표 달성을 통해 가장 큰 이익을 얻는 이해관계자는 누구인가?		1. 북미 지역 영업 담당 부사장 2. __________ 3. __________
전략	이 문제는 머신러닝에 적합한가?		그렇다. 의사결정 기준 범위가 좁고 이해도와 합의점이 크며 반복적인 작업이 포함되어 있다. 그리고 학습에 사용할 수 있는 적합한 데이터가 상당히 많다.
	해결해야 하는 문제가 무엇인가?		아웃바운드 영업 개발팀은 고객 연락처를 수집할 도구나 시간이 부족하다. 따라서 고객 프로필에 부합하지 않는 대상에 접근하여 응답률이 낮다.

영역	질문	대답	예시
전략	어느 수준의 투자가 필요한가?		인원 5명, 기간 8주, 예산 5만 달러
편향	파일럿 단계에서 염두에 두어야 할 편향이나 윤리적 문제는 무엇인가?		데이터세트에 남성의 구매력이 지나치게 높게 나타나는데 이것은 적절한 값인가, 데이터세트에 입증되었는가? 파일럿이 이것을 어떻게 설명할 수 있는가?
실행	목표를 어떻게 달성할 것인가? (간단한 사용 사례로 설명)		우리가 보낸 메시지에 응답하고 반응할 가능성이 가장 큰 대상자를 자동으로 소싱하고 우선순위를 정해 앞으로 아웃바운드로 접촉하는 잠재 고객의 수와 질을 향상할 것이다.
	파일럿 목표를 달성하기 위해 구축해야 하는 요소는 무엇인가?		1. 지난 3개월간 타깃 프로필의 URL 링크 2. 해당 프로필에서 데이터를 스크랩, 저장, 편집하는 기능 3. 학습된 모델
	활용할 수 있는 기성 제품이 있는가?		없다.
	모델을 학습시키기 위해 구체적으로 어떤 데이터가 필요한가?		이름, 호칭, 설명, 재직 이력(직함, 회사명, 규모), 연락일, 연락 내용, 응답 여부(예/아니오), 응답 내용, 응답 감정, 응답일, 구매 여부(예/아니오), 구매일, 구매액
	(만약 있다면) 이 데이터에 어떤 주석이 필요한가?		연락 내용과 응답 감정
	이를 달성하려면 어떤 팀이 필요한가?		소프트웨어 엔지니어, 데이터 과학자, 프로젝트 관리자, 비즈니스 분석가
데이터 주석	주석의 샘플 데이터는 어떤 식인가?		"이메일을 주셔서 감사하지만, 지금은 관심이 없습니다."

데이터 주석	언제까지 이 데이터가 필요한가?		파일럿 시작일로부터 2주
	파일럿에 얼마나 많은 데이터가 필요한가?		최소 2만 5,000개의 링크드인 자료와 프로필 샘플. 최소 5,000개의 응답 샘플과 1,000개의 구매 행동 사례
	데이터 주석 작업에 필요한 지침이 있는가?		응답 반응에 계속 대화하거나 참여하려는 감정이 있는지 추가할 것. 기존 주석으로는 긍정적, 부정적 반응 여부를 판단하기 어려움.
	품질 요구 사항과 평가 기준은 무엇인가?		골드 스탠더드 테스트 문제 90% 준수
	데이터세트에 어떤 언어가 포함되는가?		영어
	데이터와 기술 보안에 대한 고려사항이 있는가?		회사 기밀 데이터는 회사 안을 벗어날 수 없다. 안전한 데이터 처리가 요구된다.
	사람이나 집단에 대한 보안 고려사항이 있는가?		비밀 유지 계약 필요

작게 시작해 확장 가능한 파일럿을 만든 옴니어스 사례

2015년 4월 캘리포니아는 극심한 가뭄을 겪었다. 주지사 제리 브라운은 물 사용 제한 조치를 발표했다. 지자체는 몇 개월 동안 물 사용량을 25% 줄여야 했다. 지방 정부에는 엄청난 숙제였다. 모든 사람에게 물 사용을 줄이도록 지침을 내린다 하더라도 사정상 그럴 수 없는 사람도 있고 실천하지 않는 사람도 많을 것이다. 그래서 캘리포니아 지사는 일정량 이상을 사용하는 집에 직접 연락하는 방식으로 물 사용을 줄이고 싶어 했다. 하지만 안타깝게도 당시 캘리포니아의 많은 도시들은 정밀한 수도계량 시스템을 갖추지 못했다.

환경분석기업 옴니어스OmniEarth는 캘리포니아에 기반을 둔 작은 스타트업으로, 공공 위성 이미지를 분석하여 물 사용량에 대한 정보를 구축했다.

첫째로 이 회사는 잔디 색깔을 관찰했다. 잔디가 다른 집보다 지나치게 푸르면 이 상태를 유지하기 위해 물을 많이 사용했다고 가정할 수 있었다. 지붕에 태양 전지판이 설치된 집은 에너지 절전과 환경에 관심이 높은 편으로 집 안에도 절수 샤워기나 절수 변기처럼 친환경의 효율적인 시설이 설치했을 가능성이 통계적으로 높았다. 이런 요소들을 고려하여 옴니어스는 물 소비량에 대한 기본적인 데이터를 캘리포니아 수도 사업소에 제공할 수 있었다.

하지만 옴니어스의 AI모델로 어떤 집의 잔디가 너무 푸른지 파악할 수는 있었지만 캘리포니아 수도 사업소가 어디에 연락해야 할지 파악하는 데는 도움이 되지 못했다. 어느 가구가 필요 이상으로 물을 사용하고 있는지 구체적으로 알기 위해서는 AI모델이 실제 수도요금 청구 데이터도 볼 수 있어야 했다. 수도 회사 직원이 이를 접목한 AI모델을 테스트하려고 자기 집 주소를 검색해보았다. 놀랍게도 자신의 집에서 물을 엄청나게 쓰고 있다는 사실을 알게 되었다. 원인은 뒷마당 수도의 누수로 드러났지만, AI모델이 성공적으로 청구 데이터를 분석해 과소비되는 물을 파악할 수 있다는 것을 알게 되었다.

이러한 노력의 결과로 캘리포니아 도시들은 물을 과다하게 사용하는 사람들을 매우 좁게 타깃팅할 수 있었다. AI가 가져온 효율성 덕분에 예산을 아끼고 나아가 주지사의 공격적인 목표를 성공적으로 달성할 수 있었던 것이다.

처음에 옴니어스는 넓은 캘리포니아주 전체를 대상으로 시작하지 않았다. 작은 카운티 한 곳에서 시작하여 점차 확대해나갔다. 캘리포니아 모든 지역에 같은 모델은 적용하려 했다면 제대로 만들 수 없었을 것이다. 시에라 네바다와 로스앤젤레스, 샌프란시스코는 환경이 저마다 달랐다.

최종 목표는 주 전체였지만 파일럿은 카운티 한 곳으로 범위를 좁혀 진행했고 차츰 확장하고 수정해나간 덕분에 성공할 수 있었다. 카운티 한 곳에서 시작했기에 드론을 띄워 구석구석 상세한 이미지를 얻을 수도 있었다. 그러면 파일럿 모델이 더 쉽게 성공하겠지만 이 모델을 주 전체를 대상으로 확장한다면 불가능한 일이었다.

또 옴니어스는 주 전체로 작업을 확장할 때 이렇게 작업한 자료를 사용하지 않고 미국 지질조사국(USGS)에 공개돼 있는 데이터를 썼다. USGS가 보유한 이미지 데이터는 지역마다, 집집마다 다를 것이고 그 데이터를 입력했을 때 손이 많이 갈 것이며 모두 제대로 작동한다는 보장은 없었다. 그래서 더욱 더 처음부터 USGS 데이터에 의존했다. 지역을 넓혀갈 때 그 많은 이미지를 조달할 수 없음을 알았기 때문이다.

'물 사용량이 너무 많다'와 같은 행정 문제점이 자주 반복되지는 않을 것이다. 하지만 이렇게 사용한 데이터는 언젠가 또 다른 지역에서 다른 문제를 해결하기 위한 해결책으로 유용하게 활용될 것이다. 결국 옴니어스의 접근 방식은 매우 성공적인 것으로 인정받았고 이 회사는 2017년 이글뷰EagleView에 인수되었다.*

* Jeff Foust, "OmniEarth Acquired by EagleView, Continuing Satellite-Imagery Consolidation Wave." *SpaceNews*, 28 Apr. 2017.

확장할 수 없는 파일럿은 의미가 없다

파일럿은 작은 목표를 성공적으로 마친 다음 거기서 멈추는 것이 아니다. 장기적인 목표로 나아가야 한다. 파일럿 단계에서 달성한 모든 것이 나중에 실제 환경에서도 가능해야 한다.

파일럿을 제작할 때 규모는 작지만 본연의 프로세스와 결과물이 일관성을 유지하면서 확장할 수 있도록 설계해야 한다. 파일럿 단계에서 내리는 모든 결정에 이렇게 질문해보자.

이 작업이 대규모 작업에서도 가능한가? 다양한 환경에서도 동일하게 적용할 수 있는가? 만약 파일럿을 진행할 때 작은 규모에서나 가능한 지름길을 선택하면 규모가 커질 때 엄청난 비용이 들 수 있다. 존재하지 않는 데이터가 필요하거나 기술적으로 불가능해질 수 있다. 따라서 파일럿은 성공하더라도 프로젝트는 실패할 것이다.

일부 리더들은 일단 파일럿 모델을 구축하면 쉽게 확장할 수 있다고 생각한다. 하지만 대개 실망한다. AI 솔루션은 새로운 고객이 유입되어 한계 비용이 경미하게 증가하는 서비스형 소프트웨어(Saas)와는 다르다. 현실에서 끊임없이 일어나는 변화에 적응하고 이에 부합하여 작동하려면 새로운 데이터를 끊임없이 공급받아야 한다.

해결하려는 문제에 따라 모델의 재학습이 여러 번 필요하거나 새로운 고객이 생길 때마다 데이터를 입력해야 할 수도 있다. 일반적이지는 않지만 AI 비용이 사용량과 비례해 증가할 수도 있다.

파일럿 비용은 실제 개발 비용을 예측하는 데 도움이 된다. 예산을 효율적으로 세우면 아마존웹서비스(AWS)나 구글, 애저 등에 지출하는 플랫폼 비용을 계획하는 데도 도움이 된다. 필요할 때마다 서비스를 추가 구매하는 것보다 자주 쓰게 되는 것이라면 1년 계약하는 편이 훨씬 저렴하다. 파일럿 프로세스를 올바르게 구성하면 절감한 비용을 다른 곳에 활용할 수 있다.

결국 파일럿 작업을 제대로만 하면 초기 비용은 그만한 값을 한다. 한번 생각해보자. 제대로 된 AI 파일럿 모델이 없다면 자동화만큼의 효과을 얻기 위해 모든 비즈니스 운영을 수동으로 확장해야 한다. 좋은 파일럿 모델이 있다면 확장할 때 추가 투자가 필요하지만 더 저렴하고 빠르게 더 나은 결과를 얻을 것이다. 보안이나 윤리적 문제도 사전에 계획할 수 있다. 뒤에서도 다루겠지만 윤리와 보안 문제는 항상 조심해야 할 이슈다.

팀을 벗어나 소통하라

머신러닝 기반 프로젝트에 참여하는 모든 사람이 프로젝트 맥락을 제대로 이해하는 것은 중요하다. 특히 개발자가 아닌 경영자와 다른 부서에 있는 사람들까지 말이다.

AI를 개발하는 사람이 파일럿 단계에서 해야 할 또 다른 역할은 다른 부서의 사람들도 이해하기 쉽도록 하는 일을 정의하는 것이다. 해결하려는 사용 사례에 회사 구성원들이 집중하고 AI를 통해 효율적인 경로를 선택하도록 도와야 한다.

또 안전지대에서 벗어나 데이터의 세부 사항을 설명하는 것을 두려워하지 말아야 한다. 사실 일의 세부적인 내용을 구성원들과 공유하는 것은 대단히 중요하다. 기술 파트에 속하지 않는 사람들은 데이터 과학에 깊숙이 들어가려면 어렵다고들 하며 회피하기도 한다. 하지만 실제로는 평범한 직장인이 이해할 수 있는 매우 간단한 개념들로 이루어져 있다.

AI모델과 비즈니스 사이의 간격을 좁히지 않고는 데이터 과학팀이 성공하기 어렵기 때문에 이 부분도 고민을 많이 해야 한다. 데이터세트와 관련된 IBM의 경험이 떠오르지 않는가? 잘 개발했다고 생각한 프로그램에 휠체어를 탄 이미지를 넣자 충격적인 결과가 출력되었다. 데이터 과학팀만으로는 이 문제를 해결할 수 없었다. 더 큰 그림을 가지고 이를 해결할 비즈니스 담당자가 필요했다.

물론 쉽지 않을 것이다. 파일럿으로 불리해질 가능성도 있다. 하지만 이 과정을 잘 따른다면 대부분 성공할 수 있을 것이다. 일단 파일럿이 성공하면 실제 현장에 반영하고 그 성공을 길게 유지해야 한다. 다음 장에서는 이 과정에서 만날 수 있는 문제들에 적응하는 방법을 살펴보겠다.

7장 시제품에서 완제품으로

시범 프로젝트에 돈을 주는 것만으로는 충분하지 않다.
처음부터 성공적인 혁신을 확장하기 위한 계획을 세워야 한다.

– 루스 시몬스, 브라운대학교 총장

내가 IBM 왓슨 사업부에서 시각 인식 제품을 담당하던 초기 팀은 규모도 작고 팀원들도 젊은 편이었다. 우리 팀의 첫 번째 데모 프로젝트는 인턴이 거의 구축해놓은 간단한 웹사이트였다. 컴퓨터나 휴대전화에 있는 이미지를 끌어다 놓고 버튼을 누르면 이미지 안에 무엇이 있는지 보여주는 태그 목록이 만들어졌다. 이를테면 결혼식에서 우리 자매가 찍은 사진을 가져다 놓으면 '여자', '신부 들러리' 같은 태그가 만들어졌다. 무척 단순했다.

물론 이 웹사이트 자체가 제품은 아니었다. 우리가 팔 제품은 그 아래에 있는 머신러닝 API였다. 우리는 데모 웹사이트를 장난감처럼 만들었다. API를 직접 사용하는 데 익숙하지 않은 사람들에게 이 시스템으로 무엇을 할 수 있는지 알려주려는 용도였다. 확장시킬 생각이 없었기 때문에 품질관리를 하는 데 비용을 책정하지 않았다. 팀원 몇 명과 내가 웹사이트가 제대로 작동하는지 확인하면 됐고 사전에 몇 가지 버그를 발견해서 바로 수정했다.

몇몇 부분에 취약한 면이 있었지만 우리가 예상하는 규모에는 충분한 성능을 보였다. 기본적으로 내부에서 사용하는 영업 도구였고 한 번씩 고객사에 시연할 때 사용하는 제품이기에 충분하다고 생각했다.

개발자의 예상은 자주 빗나간다

데모 사이트를 수요일에 공개하기로 하고 관심 있어 하는 영업사원 몇 명에게 링크를 보냈다. 우리는 한 번에 100명 정도가 시스템에 접속할 것으로 예상했다. 솔직히 동시 접속자가 10명만 되어도 좋겠다고 생각했다. 첫 달에 1,000명만 데모 사이트에 들어오길 바라고 있었다.

그때 나는 목요일에 보스턴으로 출장을 갔다가 월요일에 뉴욕으로 돌아오게 되어 있었다. 전화기에 불이 나기 시작한 건 토요일 아침이었다. 잔뜩 화가 난 전화를 몇 차례 받은 다음에야 무슨 일이 벌어졌는지 알 수 있었다. 우리 팀이 만든 간단한 데모 사이트가 초대형 커뮤니티 레딧Reddit에 올라가 있었고 토요일 아침에는 첫 화면에 걸렸던 것이다.

인턴이 만든 웹페이지에 분당 수천 명의 방문자가 갑자기

몰려들었다. 우리가 생각했던 몇 명 수준이 아니었다. 규모를 설정해놓지 않아 초과 트래픽을 처리하기 위해 시스템이 자동으로 확장을 시도했지만 제대로 되지 않았다. 이로 인해 버그가 일부 노출되었고 결국 미국 남부에 있는 IBM 데이터 센터 전체가 20분 동안 다운되었다. 다행히 IBM에는 수많은 백업 절차가 있었고 실질적으로 피해를 입은 것은 없었다. 하지만 그 몇 시간 동안 나는 의도치 않게 문제를 일으켰다는 죄책감에 빠졌다.

제정신이 아니었지만 노트북을 찾아 업무용 메신저에 접속해 이 문제를 해결할 수 있는 사람들에게 상황을 알리고 도움을 요청했다. 다행히 1시간 안에 모든 것이 해결되었고 크게 타격을 받은 사업도 없었다. 하지만 일어날 수 있는 여러 가지 일을 예상하지 않고 시스템을 출시한 부주의함을 깨달았다.

왓슨 기반에 구축된 API인 머신러닝 제품에는 문제가 없었다. 부하를 감당할 수 없었던 것은 우리가 장난감처럼 만든 데모 웹사이트였다. 하지만 외부에는 왓슨이 제대로 작동하지 않은 것처럼 비쳤다. 레딧에는 "네티즌들이 왓슨을 무너뜨렸다"는 식의 댓글이 달렸다. 제품 매니저로서 정말 오싹한 순간이었다. IBM이 심각한 언론의 비난을 받을 수 있었고 이는 내가 감당할 수 있는 일이 아니었다.

짐작했겠지만 그날 이 일로 IBM의 최고 책임자는 나를 알게 되었고 이것은 절대 좋은 일이 아니었다. 부주의하게 데모 사이트를 공개한 팀이나 내가 그의 마음에 들 리 없었다.

파일럿 단계에서부터 완제품에 대한 기대치와 일관성을 유지하려고 아무리 노력해도 결과는 늘 다르게 나타난다. 무엇이 다를지 예측할 수 있을 때도 있고 그렇지 못할 때도 있다. 하지만 실제 제품과 파일럿이 다를 것을 인식하고 응용프로그램을 개발하면 미리 대비하는 데 도움이 된다.

개발 중인 머신러닝 제품이 가치 있고 관심을 끌 만한 상품이라면 훨씬 큰 규모로 확장될 가능성이 있다. 완제품 단계는 파일럿보다 규모가 크고 데이터 양도 다르다. 규모와 데이터 양, 이 두 가지가 예상치 못한 방식으로 현실을 바꾸어 놓을 것이다.

파일럿이 좁은 범위의 사용 사례를 다룬다면 실제 출시될 환경에서는 사용 사례의 양과 규모가 확장된다. 출시 전 아무리 테스트를 많이 해도 일정 수준 이상으로 규모가 커져야만 발견되는 특이 케이스는 파일럿 단계에서 드러나지 않는다. 개발 과정 모든 단계에는 어느 정도 위험이 존재한다. 하지만 이 위험에 대비한다면 그렇지 않은 경우보다 훨씬 더 유리한 위치에 있을 수 있다.

현장에 적용할 때 고려해야 할 3가지

모델을 배포하기 전 무엇이 문제가 될 수 있을지 명확하게 파악해야 한다. 이것은 프레임워크와 라이브러리, 실제 환경에 사용할 언어, 모델을 배포할 방법이나 장소, 심지어 모니터링 방식에 영향을 줄 수 있다.

한 전자상거래 기업에서 챗봇 로그에 대한 감성 분석을 수행하기 위해 자연어 처리 프로젝트를 시작했다. 목표는 부정적인 경험을 한 고객에게 개별적으로 후속 조치를 하는 것이었다. 이 일에 착수하기 전에 파이썬으로 모든 시제품을 만들었다.

데이터 과학자들이 일반적으로 사용하는 프로그래밍 언어인 파이썬은 사용할 수 있는 자연어 처리 라이브러리가 다양했다. AI모델을 실제 환경에 배포할 때가 되었을 때 전체 모델을 스칼라라는 언어에 포팅해야 한다는 사실을 알았다. 스칼라는 확장성이 뛰어난 소프트웨어를 구축할 때 엔지니어들이 사용하는 프로그래밍 언어로 이 단계를 거쳐야 자바 환경에서 실행할 수 있었다.

이 상황에서 당신이라면 학습 규모를 확장하겠는가, 아니면 추론 범위를 조정하겠는가? 단일 기기에서 AI모델을 학습시키고 추론 모델에 분산을 요청하는 일은 간단하지만, 실제로 여러 컴퓨터로 나눠서 분산학습을 수행하는 것은 쉬운 일이 아니다. 일반적인 학습 알고리즘은 대부분 단일 노드에서 실행되고 각 데이터포인트에 대해 전체 모델을 한 번에 업데이트한다. 다행히 텐서플로 같은 라이브러리가 이런 학습을 여러 머신에 분산하도록 도움이 되긴 하지만, 요구사항을 미리 분석하는 것이 중요하다.

다음은 AI모델을 현장에 적용할 때 중요하게 고려해야 할 세 가지 사항이다.

- **가용성** 업그레이드나 배포 중에 중단되는 서비스가 없도록 해야 한다. AI모델이 중요한 기업 애플리케이션이나 고객 제품에 사용된다면 시스템 중단으로 큰 비용이 발생할 수 있다. 2013년 8월 19일, 아마존 웹사이트가 30분 동안 다운된 적이 있었다. 이론적으로 분당 6만 6,240달러의 비용이 발생했으므로 피해 금액은 약 200만 달러에 가까웠다. 만약 지금 이런 일이 벌어진다면 비용은 그때와 비교할 수 없이 클 것이다.*
- **성능** 충분히 빨리 응답하는지 확인해야 한다. 대부분 시스템에서 사이트 속도가 빠르면 사용자 전환율(사이트 내에서 사용자가 다음 단계로 이어서 실행하는 비율)이 높다. 월

* Clay, Kelly. "Amazon.com Goes Down, Loses $66,240 Per Minute." *Forbes Magazine*, 19 Aug. 2013.

마트는 페이지 로드 시간이 1초 향상될 때마다 사용자 전환율이 2% 늘어난다는 것을 발견했다. 쿡COOK은 페이지 로드 시간을 0.85초 줄이자 전환율이 7% 증가했다. 느린 서비스를 이용하고 싶은 사람은 없다. AI모델이 제대로 성능을 발휘하고 제품 속도를 저해하지 않도록 점검하자.

- **확장성** 현재 트래픽을 얼마나 처리할 수 있는가? 수요가 급격히 증가하면 어떤 대안이 있는가? 규모를 줄이는가 아니면 늘리는가? 이 질문과 함께 어느 정도 규모의 사용자들이 AI 제품을 이용할지 고려해야 한다. 더 중요한 것은 앞으로 이용자가 증가할 경우 AI모델이 어떻게 이런 증가를 계속 감당할 수 있을지 대책을 세워야 한다.

시제품을 만들거나 연구할 때 고차원적인 AI모델을 시도하거나 비싼 하드웨어를 사용할 수도 있다. 하지만 AI모델이 비즈니스에 필요한 가용성과 성능, 확장성을 지원하기에 너무 복잡하다면 완제품 단계의 컴퓨팅 비용이 많이 든다. 경험상 이런 경우 그 일을 할 수 있는 단순한 모델이 있다면 복잡한 모델을 선택하지 말아야 한다.

상황에 맞춰 수정하고 적응하라

규모를 확장할 때 나타날 수 있는 또 다른 문제는 파일럿 단계에서 고려하지 못한 데이터의 공백이나 구멍이다. 이런 일이 발생하면 구멍을 메울 수 있는 데이터를 찾든지 모델의 범위를 좁혀 차이를 없애야 한다.

미국 국방부 합동인공지능국Department Joint Artificial Intelligence Agency은 AI 탐지 기술을 활용하여 응급구조대원들이 응급상황에 투입할 수 있도록 돕는다. 2018년 캘리포니아에 산불이 발생했을 때 이 기술로 소방관이 190만 에이커에 걸쳐 8,500건의 크고작은 화재를 진압하는 데 중요한 역할을 했다. 그러나 AI모델이 부딪힌 어려움 중 하나는 앞으로 일어날 화재를 예측할 수 없기 때문에 공중에서 찍은 화재 이미지는 미래의 화재와 직접적인 관련이 없다는 것이었다.

과거 데이터로 학습한 파일럿 모델은 실제 상황에서 사용하는 것과 달랐다. 화재의 양상은 늘 다르며 화재 예측을 위해 모델을 학습시킬 때 사용한 데이터와 똑같은 상황이 존재하지 않기 때문이다.

이런 경우 모델에 대한 기대치를 낮춰 설정함으로써 부족한 데이터를 어느 정도 보완할 수 있다. 예측 정확도를 낮춰도 과거 데이터와 현재 화재 양상을 비교하여 피해를 관리하고 재산과 인명을 구할 수 있었고 소방서는 한정된 인력과 장비를 효율적으로 배치할 수 있었다. 이런 예측으로 모든 가구를 구할 수는 없었지만 화재 피해를 줄이고 화재 진압의 효율성을 높이는 데 도움이 됐다. 이 AI는 2019년과 2020년 캘리포니아 산불 기간에도 비슷하게 활용되었다.*

2주 전에 옳았던 일이 지금은 위법일 수 있다, 법률 검토

머신러닝 모델은 입력값을 처리하도록 설계된다. 하지만 일단 솔루션을 일반에 공개하면 사람들은 생각지도 못한 것을 입력한다. 경우에 따라 보안 문제가 발생할 수 있다.

시리나 알렉사를 예로 들면, 스마트 스피커는 사람들의 질문에 지식을 제공하거나, 불을 켜고 팟캐스트를 재생하고 날씨를 알려주는 것처럼 간단한 일을 실행하도록 설계되었다. 보안이나 민감한 정보를 다루도록 설계된 것이 아니다. 시리나 알렉사에 신용카드 번호나 주민등록번호를 기억하라고 명령하면 그대로 기억해 알려줄 것이다. 이 기기의 초기 모델을 설계한 사람은 이런 민감한 데이터를 보호해야 할 필요

* McCormick, John. "California Firefighters Tap AI for an Edge in Battling Wildfires." *The Wall Street Journal*, Dow Jones & Company, 1 Oct. 2020.

성을 예상하지 못했을 것이다.

이러한 보안 문제를 처리하는 가장 쉬운 방법은 시스템이 개인 정보용으로 설계되지 않았고 이에 대한 법적 책임이 없다고 고지하는 것이다. 다른 방법은 데이터에 대한 보안을 전반적으로 강화하는 것이다. 두 경우 모두, 발생할 수 있는 보안이나 법적 문제를 사전에 차단할 수 있다. 중요한 것은 문제가 발생했을 때 바로 대응하는 것이다.

준법 이슈는 종종 제작 단계에서 발생한다. 때에 따라 AI 모델이 준수해야 하는 법이 바뀔 수 있고 보유한 데이터에 대한 사용권이 바뀔 수도 있다. 파일럿 단계에서 법률과 규제에 맞게 만들었더라도 완제품으로 가기 전에 법률 전문가와 충분히 검토해야 한다. 경우에 따라서는 프로젝트 전체를 폐기해야 할 수도 있다. 이를 사전에 해결할 유일한 기간이다. 학습 데이터를 어디에서 얻었는가? 해당 목적에 맞게 사용할 권리가 있는가? 예컨대 AI모델이 보험 청구를 거절하는 분석을 제공하는 것처럼 법적 영향력이 있는 의사결정을 하는 경우, 법적 문제를 피할 수 있도록 어떻게 결정이 이루어졌는지 설명할 수 있어야 한다.

급변하는 현실에 시스템이 적응할 수 있도록 설계하는 것은 AI모델이 수명을 오래 유지하는 데 핵심적인 역할을 한다. 세상은 빠르게 바뀐다. 2주 전에 옳았던 것이 지금은 위법일 수 있다. 뉴스는 소비자나 구매 행동을 급격히 바꾸고 어제는 합법이었던 일들이 오늘은 불법이 되어 AI 사용을 비효율적이거나 쓸모없게 만들 수 있다.

한 번 모델을 만들면 끝이라는 생각은 어리석다. 시간이 흐를수록 머신러닝 기술도 변한다. 학습 데이터가 변하기 때문이다. 이 변화에 적응할 수 있어야 한다. 적응력은 장기적으로 지속 가능한 비즈니스의 핵심이다. 비즈니스가 진화할수록 새로운 아이디어와 다양한 고객 행동을 이해해야 한다. 이러한 이해가 머신러닝 모델에도 자연스럽게 반영되어야 한다.

반드시 당신의 노력을 무너뜨리는 악당들이 나타난다

어떤 방식으로든 시스템이 공개됐다면 악당으로부터 지킬 방법이 있어야 한다. 악의적 의도가 있는 사람들은 모델을 무너뜨리기 위해 온갖 시도를 할 것이다.

스팸 메일을 보내는 사람은 스팸 메일을 걸러내도록 설계된 머신러닝 모델을 속이려고 온갖 종류의 영리한 방법을 생각해낸다. 가장 널리 사용되는 기법은 '적대적 입력'이다. 모델이 감지하지 못하는 허점을 찾을 때까지 메시지의 형식과 내용을 끊임없이 바꿔 AI모델이 재학습할 때까지 필터링을 피하는 것이다.

이런 경우 우선 악당들이 접근할 수 있는 수를 제한하여 적대적 입력으로부터 보호할 수 있다. 이를테면 동일한 IP나 계정의 요청 비율을 제한하거나 사용자 요청이 빈번할 경우 사용자가 사람인지 기계인지 구분하는 캡차(회원 가입 시 "로봇이 아닙니다"와 같은 사람과 컴퓨터를 구별하기 위한 자동 계정 생성 방지 기능) 문제를 풀도록 하는 것이다. 때로는 모델의 세부사항을 비밀로 유지하는 것이 바람직하다. 그러면 공격자들이 어디를 공략할지 실마리를 찾지 못한다.

일부 치밀한 공격자는 우리에게 얻은 결과를 가지고 자신들의 모델을 학습시켜 우리 모델을 제멋대로 만들려고 할 수 있다. 어떤 경우에는 결과를 분석하여 민감한 정보가 포함된 학습 데이터를 파헤칠 수 있다. 이 문제를 처리하고 모델을 비공개로 유지하는 기법은 많지만, 이 기법을 유지하는 것과 동시에 적대적 입력과 접근을 제한해야 공격자가 모델을 훔칠 가능성을 줄일 수 있다.

만약 대화나 등급 시스템을 통해 학습하는 챗봇처럼 피드백에 반응하는 AI시스템이라면 피드백을 왜곡해 악용하는 사용자가 반드시 존재한다. 마이크로소프트의 인공지능 채팅봇 테이가 차별 발언을 하도록 포챈 사용자들이 훈련시켰던 일을 기억하는가. 이는 테이를 출시하고 만 하루도 지나지 않아 일어났다. 또 포챈은 1점짜리 별점을 퍼부어 CNN의 모바일 앱을 앱스토어와 구글플레이스토어에서 퇴출되도록 만들었다.

두 경우 모두 정상적인 피드백인지 모니터링 결과가 나올 때까지 배포를 늦췄다면 피해를 줄일 수 있었던 일이다. 만약 테이가 학습한 대화 내용을 사람이 검토할 때까지 기다릴 시간이 있었다면, 또 애플이나 구글이 앱을 블랙리스트에 올리기 전에 별점 1개짜리 평가가 갑작스럽게 증가한 이유를 조사했다면 이런 문제는 피할 수 있었을 것이다.

하지만 실제로는 데이터가 믿을 만한 것인지 파악하기도 전에 악의적인 피드백이 바로 적용되었고 눈에 보이는 결과로 나타났다. 절차상 완벽하게 작업했더라도 예측할 수 없는 공격을 당할 수 있다. 그러므로 공격이 있을 때 사고를 복구할 수 있는 프로세스를 마련해야 한다. 운영팀은 누구에게 알려야 할지 알아야 한다. 문제를 해결하는 동안 모델을 중단하는 방법과 현재 공격에 취약하지 않은 다른 버전으로 대체하는 방법을 문서로 작성해놓아야 한다.

나는 시각 인식 데모 프로그램을 공개하기 전 예상할 수 있는 다양한 시나리오를 구성원들과 공유하고 적어도 일이 잘못되었을 때 상황을 파악할 수 있는 감시 시스템이 있는지 확인했어야 했다. 하지만 분노의 전화가 쏟아지기 시작한 다음에야 문제가 있다는 것을 알았다. 초보자는 실수한다. 하지만 실수에 대한 변명은 통하지 않는다.

그리고 더 강력한 확장성 테스트도 했어야 했다. 수백 명의 사람이 데모 웹사이트를 방문하리라고는 예상하지 못했지만, 이 사이트는 공개적으로 접근할 수 있었고 사실 꽤 근사한 서비스를 제공했다. 당시 개인 컴퓨터에서 머신러닝을 이용하여 사진에 태그를 다는 기능은 참신했고 일반 대중이 이용할 수 있는 종류의 것이 아니었다. 적어도 예상보다 훨씬 더 많이 주목받을 가능성을 고려했어야 했다.

회사에 따라서는 내부 보안이 매우 중요한 경우도 있다. 가령 항공기를 제작하는 보잉은 로봇 자동화와 머신러닝을 일찍 도입했다. 각 국가마다 다르게 정한 영공 사용 규정에 따라, A 지점과 B 지점 사이를 자동 운행하는 민간 항공기의 머신러닝 기반 시스템에는 수많은 옵션들이 있다.*

회사 내부의 악당이 시스템을 훈련하거나 제어하는 프로그램에 침입한다면 어떤 큰 혼란이 빚어질지 생각해봐야 한다. 이런 시스템에 접근할 수 있는 사람에게는 엄격하게 규제된 거버넌스를 적용해야 한다. 물론 모든 사례가 항공사 시스템과 같지 않겠지만 모든 완제품 배포는 잠재적인 보안 문제를 늘 염두에 두어야 한다.

---

* Stewart, Jack. "Don't Freak Over Boeing's Self-Flying Plane—Robots Already Run the Skies." *Wired*, Conde Nast, 12 June 2017.

8장 AI기업으로 변신한 뉴욕타임스의 AI 리더십

리더로서 우리는 모든 사람이 번영할 기회가 있는 세상을 만들 책임이 있다.
AI가 무엇을 할 수 있고 어떻게 전략에 부합할지 이해하는 것은
과정의 끝이 아니라 시작이다.

– 앤드루 응(구글 브레인 공동설립자)

AI 리더십은 하루아침에 생기지 않는다. 전세계 머신러닝 기술의 최선두 기업인 아마존 또한 최첨단 AI 기술로 사업을 시작한 것이 아니었다. 다른 기업들처럼 여러 길을 탐색해 성공과 실패를 거듭하고, 때로는 경로를 수정하며 고된 여정을 거쳐야 했다. 이를테면 2017년 아마존은 의도치 않게 자사의 인공지능 스피커가 큰 오류를 범한 경험을 해야 했다.

미국 댈러스에 사는 6살 소녀가 아마존 AI스피커에 인형의 집 장난감과 쿠키를 사달라고 말했다. 그리고 실제로 18만 원 상당의 인형의 집 장난감과 쿠키가 집으로 배달됐다. 저절로 결제 승인도 됐다.

이 소식을 지역 뉴스에서 다루며 남성 앵커가 "알렉사, 인형의 집을 주문해줘"라고 말했더니 집집마다 TV에서 흘러나온 목소리를 인식한 AI스피커가 인형의 집을 주문하기 시작했고, 결국 아마존이 해당 시간대의 인형의 집 주문을 일괄 취

소하는 사건이 벌어졌다. 또 아마존은 즉시 고객들에게 음성 주문 기능을 막거나 주문 전 핀 코드를 입력하는 등의 설정을 해둘 것을 권유했다.

하지만 아마존은 AI를 통해 진보해나갔고 실수를 통해 배웠다. 아마존의 가장 큰 자산은 회사 전체가 다양하고 무수한 방법으로 비즈니스 가치를 창출하는 일에 집중해온 것이다. 아마존은 머신러닝 기술을 개발하면서 다음과 같은 몇 가지 부문에 특히 뛰어난 역량을 보유하게 되었다.

아마존 경영진은 크고작은 비즈니스 문제를 안고 일하는 다양한 팀을 돕기 위해 회사 전체에 AI 기술을 도입해야 함을 깨달았다. 데이터 주석 작업과 관리, 거버넌스, 배포와 같은 AI 지원 기능을 최적화하기 위해 크로스펑셔널팀을 구성했다. 경쟁사보다 늦게 시작했지만 강력한 리더십으로 끈기 있게 밀어붙였다.

점진적인 발전에 집중한 결과 가정용 스마트 스피커 시장에서 알렉사가 시리와 구글 어시스턴트를 이기는 데 5년밖에 걸리지 않았다. 알렉사의 시작은 늦었지만 현재는 이 시장에서 매우 강력한 위치를 차지하고 있다.

인쇄매체를 넘어 AI기업으로, 뉴욕타임스의 변신

AI 리더십은 처음부터 완벽한 시도를 해야 하는 것이 아니다. AI 리더십에서 가장 중요한 요소는 끈기와 결단력이다. 끈기 있게 AI를 추진한 또 다른 사례는 뉴욕타임스에서 찾아볼 수 있다.

지난 10년간 미국은 뉴스를 전달하고 소비하는 방식이 획기적으로 변화했다. 2000년대 들어 이미 하락세에 있던 인쇄 매체의 매출은 급감했다. 2010년부터 지역 신문에서 지하철 무가지에 이르기까지 2,000개가 넘는 미국 신문사들은 발행 부수나 지면을 대폭 줄이거나 문을 닫아야 했다.

하지만 뉴욕타임스와 몇몇 출판기업은 소위 '인쇄 매체의 죽음'이라고 불리던 패러다임에서 생존했을 뿐만 아니라 인터넷으로 대부분의 지면을 유연하게 이동하여 새로운 패러다임을 쓰고 있다. 2020년 8월 기준으로 뉴욕타임스는 650만 명의 구독자를 자랑한다.* 무엇이 이런 차이를 만들었을까?

대답은 하나로 꼽기 어렵다. 뉴욕타임스가 이전부터 쌓아온 여러 경쟁 우위 유산들이 새로운 패러다임 속에서 뉴욕타임스의 지배력을 강화해온 것은 사실이다. 그중 가장 중요한

---

* Tracy, Marc. "Digital Revenue Exceeds Print for 1st Time for New York Times Company." *The New York Times*, 5 Aug. 2020.

점은 뉴욕타임스가 경영 시스템에 AI를 통합한 얼리 어답터였다는 것이다. 회사는 다양한 사내 문제를 AI를 도입해 해결하는 데 우선순위를 두었다.

인쇄물을 보던 독자에서 온라인 독자층으로 고객을 전환하는 일은 모든 출판매체에게 힘든 과제지만 인터넷의 즉각적인 반응과 익명성은 풍부하고 새로운 소통의 장을 만들어냈다.

인터넷에 연결된 사람은 누구나 모든 기사에 댓글을 달 수 있다. 2010년대에 인터넷 모델로 전환한 많은 출판매체는 개방된 접근성과 평판 유지 필요성 사이에서 균형을 맞추는 데 어려움을 겪었다. 뉴욕타임스도 같은 문제에 직면했다. 지뢰밭 같은 댓글을 관리하느라 값비싼 비용을 치르지 않으면서도 어떻게 하면 독자가 계속 방문하고 활동하며 자유로운 의견을 내게 할 수 있을까?

수작업으로 악성 댓글을 관리하는 것은 뉴욕타임스 같은 큰 기업도 쉽게 선택할 수 있는 해결책이 아니었다. 핵심 사업도 아니었다. 그러나 독자의 소중한 피드백과 질문을 받는 중요한 채널을 포기할 수는 없었다.

그래서 이 문제를 해결하기 위해 AI의 힘을 빌렸다. 사기성 글이나 악성 댓글을 감지하고 걸러내기 위해 '퍼스펙티브 API'를 이용하기로 했다. 구글 알파벳의 자회사인 직소Jigsaw에서 개발한 정교한 머신러닝 기반 '콘텐츠 모더레이션(문제가 되는 콘텐츠를 차단 또는 삭제하는 것)' 제품이었다.*

결과적으로 뉴욕타임스는 신뢰할 수 있는 기관으로서의 명성을 일부 독자들로 인해 훼손당하지 않으면서 인터넷이 허용하는 직접적인 상호작용의 모든 혜택을 최대한 활용할 수 있었다.

콘텐츠 모더레이션은 뉴욕타임스가 AI를 비즈니스에 도입한 하나의 사례일 뿐이다. 뉴욕타임스는 이제 단순한 출판기업이 아니다. 그렇다고 AI 회사도 아니다. AI 기반 솔루션을 여러 사업 영역에 적용한 미디어 기업이다. 비슷한 상황에 맞닥뜨린 많은 기업처럼 뉴욕타임스도 AI의 근본적이고 혁신적인 힘을 이용해 급격한 혼란을 겪는 산업의 도전에 잘 대처해왔다. 물론 하룻밤 사이에 해결한 일은 아니었다.

세계적 수준의 AI을 자사에 구현하기 위해서는 인내와 막대한 투자가 필요하고 회사 문화 전반에 걸쳐 거대한 사고방식의 전환이 뒤따라야 한다. 단순히 AI 혁신팀을 조촐하게 꾸리는 것만으로 문제를 해결할 수 없다. 전사적으로 AI 기술 활용 기회를 파악하고, 이를 모든 팀 운영에 도입하기 위해 구성원을 설득하며 회사의 지표와 목표를 재구성하고, 팀을 재

---

* Adams, CJ. "New York Times: Using AI to Host Better Conversations." *Google*, 23 May. 2018.

조직하고, 도전 과제를 해결하기 위해 새로운 인력을 채용하는 데 투자해야 한다.

단지 AI로 문제를 해결하는 데 그치지 않고 기업이 경쟁 우위를 차지하려면 AI 리더십이 있어야 한다. 조직의 규모와 직종에 따라 세부적인 내용은 다르겠지만 일관되게 AI 도입을 추진하는 기업은 자사의 모든 인력이 AI를 이해하고 관리 능력을 갖추는 데 집중한다. 조직은 아직 갖지 못한 AI 근육을 개발해야 한다.

왜 전사적 AI 교육이 필요한가

AI 리더십을 갖추기 전에 먼저 AI가 해결할 수 있는 비즈니스 문제를 파악해야 한다. 골디락스 문제를 찾는 과정에서 무엇을 파악해야 하는지에 대한 기초를 얻을 수 있다. 다음 단계는 이 개념을 일관된 행동으로 옮기는 것이다. AI 전담팀을 조직하고 각 부서 사람들을 만나 대화하며 비효율적인 부분을 찾아내는 것만으로는 목표를 달성할 수 없다.

각 사업부나 부서는 담당하는 운영 업무에 익숙하기에 어떤 문제를 AI로 해결할 수 있을지 의외로 쉽게 파악할 수 있다. 이들에게 부족한 것은 AI 기술과 AI가 해결할 수 있는 문제에 대한 이해다. 그래서 AI를 도입하기 위해 기업에 가장 먼저 필요한 것은 교육이다.

이를 성공적으로 수행하는 조직은 모든 부서가 AI를 활용해 회사에서 지속적으로 일어나는 문제를 해결할 수 있다는 믿음이 있다. 리더는 AI를 적용할 수 있는 사례를 파악하고 해결할 수 있도록 노력한다.

예를 들어 CFO(최고재무책임자)는 자신의 분야에서는 뛰어나겠지만 AI 분야에는 경험이 없는 경우가 대부분이다. 그들의 전문성은 재무다. 하지만 CFO는 재무팀의 업무에서 AI가 어떤 문제를 자동으로 해결할 수 있는지 파악할 수 있을 것이다. 이러한 AI 인식 사고방식을 개발하기 위한 교육이 필요하다. 때로는 새로운 리더를 영입하거나 기존 리더에게 필요한 능력을 지원할 AI 인력을 채용해야 할 수도 있다.

회사 내에서 AI 도입이 꼭 필요하다고 생각되는 곳에만 교육하고 싶은 유혹이 생길 것이다. 회사 전체 조직을 개편하고 전 구성원을 교육하는 일이 쉽지 않아서다. AI를 맞춤 도입한 부서가 속도를 내기 시작해 성과를 이룬 다음, 다른 부서도 차츰 새로운 문제를 해결할 수 있을 거라 기대할 수 있다. 하지만 이런 함정에 빠지지 않도록 주의해야 한다. 장기적으로 보면 이런 접근 방식은 비효율적이다.

모든 팀의 특징이 다른 만큼 AI 활용 사례도 저마다 다를 것이다. 모든 팀의 리더는 AI로 해결할 수 있는 자기 팀의 문제점을 파악할 수 있는 교육을 받아야 한다. 일부 팀장에게 AI

원칙을 가르친다면 그 팀만 AI를 실행하게 되고 팀내 격차가 발생한다. 전제 조직을 교육하고 이 관행이 조직 문화에 스며들도록 하는 편이 훨씬 좋나.

데이터 파이프라인 관리

기업 내에 AI가 해결할 수 있는 문제를 찾아내면 이제 데이터에 접근해야 한다. 기업은 사업을 해나가며 생성되는 많은 양의 데이터를 해당 팀에 묶어둔 채 오직 팀 내 목적으로 사용된다. 이 모든 데이터를 관리할 수 있는 성숙하고 유능한 접근법을 개발해야 한다.

비즈니스 데이터는 일반적으로 저마다 독특한 성격이 있다. 이 데이터를 자주 사용하는 사람은 보고서를 작성하거나 필요한 계산을 실행하기 위해 어떻게 접근하고 가공해야 할지 잘 알고 있다. 하지만 AI 세계에서는 이것이 통하지 않는다. AI모델에 사용하려면 데이터를 정제하고 주석을 달고 준비하는 과정이 필요하다.

영업팀이 마케팅팀의 데이터를 가져와 AI모델에 사용해야 할 때 매번 영업팀에 맞게 일일이 수정 작업을 할 수는 없다. 전사적으로 데이터세트를 조직하고 관리하는 역량을 갖춰야 한다. 데이터세트는 조직 전체가 접근할 수 있고, 모델 학습을 위해 활용할 수 있고, 새로운 데이터가 들어오면 최신 상태로 갱신할 수 있어야 한다. 조직이 이런 근육을 만들려면 어떻게 해야 할까?

탁월하게 AI를 활용하는 빅테크 기업에는 데이터 파이프라인 구축을 전담하는 팀이 있다. 데이터 파이프라인은 다른 데이터세트에서 데이터를 수집하고, 여러 부서가 사용할 수 있도록 데이터를 변환하고, 필요한 모델에 데이터를 전달한다. 하지만 전담팀이 없어도 회사는 위에서부터 아래로 엄격한 데이터 관리 습관을 만들어야 한다. AI 사용 사례를 식별하는 능력을 기르는 것처럼 회사 전체에 걸쳐 데이터 관리 문화가 필요하다.

각기 다른 생각들의 구심점, 데이터 거버넌스

기업의 문제를 파악하고 데이터를 준비해 AI모델을 배포했으면 이제 철학적인 문제에 직면하게 된다. 배포하는 모델이 비즈니스 우선순위와 일치하는 방식으로 문제를 해결한다고 어떻게 확신할 수 있을까?

이 질문에 대답하는 것이 데이터 거버넌스다. 이를 위해 모델에 입력하는 데이터의 품질이 높은지, AI모델이 사업 목표와 경영 윤리를 계속 지켜나가는지 확인하는 가이드라인과

정책을 세워야 한다.

뉴욕타임스가 악성 댓글 감지를 위해 도입한 모델처럼 정교한 콘텐츠 모더레이션 AI모델은 수백 가지 지표를 최적화하기 위해 균형을 유지한다. 명확하고 투명한 거버넌스 구조가 없으면 회사가 어떤 기준으로 여러 지표 가운데 하나를 다른 지표보다 우선시할 수 있을까?

이런 결정에는 민감한 문제가 발생할 수 있기에 모든 부서의 우선순위를 종합해야 한다. AI모델은 논란성 있는 표현을 제거하는 데 최적화해야 하는가 아니면 광고 수익에 최적화해야 하는가? 문제없는 댓글을 걸러내면서 긍정 오류를 줄여야 하는가 아니면 여기저기 사기성 댓글이 퍼질 수 있는 부정 오류를 줄여야 하는가?

리더가 고려해야 하는 지표는 숫자로 나타나는 사업 성과만 있는 것이 아니다. 거버넌스 정책은 모델과 데이터가 윤리적이고 책임 있게 사용되고 있다고 말할 수 있는 기준이 된다. 몇 가지 지표의 성과를 최적화하다 의도치 않게 AI모델이 성별이나 인종 편향을 생성하는 일은 정말 쉽게 일어날 수 있는 일이다. 애플카드가 다른 지표들에 집중하고 성별을 입력값에서 제외하여 모델에 성별 편향을 만든 것처럼 말이다. 새로운 모델을 개발할 때 우선순위를 염두에 두고 평가해야 한다.

이 모든 고려사항 위에는 보안 문제가 있다. 대부분 데이터에는 개인 정보를 포함하여 민감한 정보들이 많다. 공개적으로 사용할 수 있는 정보라고 해도 모델에 사용하는 것이 적합하지 않거나 불필요할 수 있다. 회사는 데이터를 이동, 변환, 조합해 새로운 모델을 만드는 담당자가 데이터를 검토하고 개발할 수 있는 권한이 있는지, 윤리적으로 문제가 없는 사람인지 확인해야 한다.

만약 민감한 데이터세트를 사용해야 할 때 회사는 이 데이터가 사용된다는 것을 고객에게 어떻게 알려야 할까? 예컨대 페이스북은 서비스 약관을 통해 업로드된 사진을 회사가 어떤 목적으로든 사용할 수 있는 분명한 권리를 얻는다. 하지만 반드시 권리를 행사해야 하는 것은 아니다.

데이터 거버넌스 개념은 새로운 것이 아니다. 많은 기업과 조직에서 깊이 있게 검토해왔고 이들이 축적해온 내용을 참고하여 자기 회사에 꼭 맞는 거버넌스를 제정할 수 있다. 세계경제포럼과 앨런 인공지능 연구소 등에서도 이와 관련한 뛰어난 템플릿과 가이드라인을 제공한다. 이런 문제를 경험한 다른 회사들은 콘퍼런스나 기사를 통해 그 결과를 공유한다. 우리는 이것을 그대로 채택할 수도 있고 이를 바탕으로 각자 기업에 맞게 바꿀 수도 있다.

부서 간 영역을 뛰어넘는 회사 만들기

7장에서 AI 파일럿 프로젝트를 성공적으로 전개하기 위해 여러 분야에서 모인 구성원들로 팀을 조직할 필요성에 관해 이야기했다. AI가 회사 전체로 확장될 때도 같은 원칙이 적용된다. 총괄 조직은 여러 분야 간의 의사소통과 협업에 탁월한 기술이 필요하다.

부서 간 의사소통을 개선하기 위해 슬랙 같은 기업용 메시징 플랫폼을 협업 도구로 사용할 수 있다. 어떤 회사는 애자일 프로세스나 워크플로를 채택하여 협력이 필요한 업무를 계획하고, 피겨에이트의 경우처럼 외부에서 비롯한 변화에 적응하기 위한 메커니즘을 공유할 수 있다. 모든 구성원이 참여하는 전체 회의를 정기적으로 열어 비즈니스 우선순위를 공유하고 투명성을 높일 수도 있다.

조직에 따라 세부사항은 다르겠지만 공동 과제를 선택하고, 데이터를 준비하고 공유하며, 관련 모델을 개발하기 위해서는 회사의 모든 부서가 이전보다 더 협력해야 한다. 어떤 경우에는 조직과 보고 체계를 재구성하는 것이 효과적일 수 있고, 마케팅 부서처럼 AI의 광범위한 도입이 예상되는 부서에 자체 데이터 연구팀을 꾸려야 할 수도 있다. 때로는 급격한 변화 수준에 압도될 수 있다. 경쟁사와 비교해 벌어진 기술 격차를 줄여야 하고 이를 위해 필요한 조직 내 변화는 급격할 수밖에 없다.

하지만 단기적인 해결책으로 외주 업체처럼 기능하는 별도의 AI팀을 만드는 것은 피해야 한다. 대부분 전사적 AI 채택을 방해하는 병목 구간이 돼 시간만 낭비하곤 했다.

예산과 자원 할당

AI 솔루션을 구현할 예산을 마련하는 일도 AI를 확장하려는 기업이 흔히 마주치는 장애물이다. 기성 AI제품을 구매하거나 필요한 기술이 있는 인력을 채용하고 데이터 레이블링에 시간과 자원을 투입하려면 예산이 필요하다. 상당한 비용과 인력을 추가로 할당해야 할 수 있다.

대부분 비용과 인력은 이미 정상적인 운영 예산으로 책정되어 있다. 어디에서 얼마를 가져와 재할당해야 할지 결정하는 일은 조직 전체에 불편을 끼치기도 한다. 그러나 회사는 투자로 이어지는 장기적인 이익 가능성을 파악해야 한다. 비용이 늘어나는 일은 늘 환영받지 못하지만, 회사가 궁극적인 보상에 대한 이해를 바탕으로 AI 리더십을 갖추면 성공 가능성이 훨씬 커질 것이다.

예를 들어 AI 투자에 적극적인 회사가 있다고 하자. 이 회사는 콜센터를 통해 지원 요청, 반품 문의, 불만 사항을 접수한다. 콜센터를 개선하기 위해 AI에 투자할 수 있는 돈은 어디서 저절로 솟아나지 않는다. 회사는 AI 프로젝트에 투입해야 할 자금을 연간 예산에서 가져와야 한다. 그리고 전화를 받는 상담직원이 더 적게 배치될 것이기 때문에 한동안 문의 전화를 처리하는 시간이 길어지는 부작용도 감수해야 한다.

하지만 AI가 제대로 작동하기 시작하면 걸려오는 전화의 15%를 챗봇이 담당하게 될 것이고, 문의 전화를 처리하는 직원 수는 줄어들지만 처리 시간은 전반적으로 개선될 것이다. 이렇게 비즈니스에 초점을 맞추면 AI에 대한 투자를 늘리는 데 도움이 된다. 비용 절감 목표를 명확하게 설명하면 이 프로젝트의 성공을 위한 지표도 명확해진다.

조직에 AI근육 붙이기

조직에서 AI를 확장하려면 주요 근육이 만들어져야 한다. 모든 근육이 중요하지만 그렇다고 동시에 만들 필요는 없다. 첫째 단계는 많은 사람이 AI 활용 사례를 식별하도록 교육하는 것이다. 조직 안에서 AI 이해력이 높아지고 활용 사례를 깨닫기 시작하면 다른 능력의 우선순위도 자연스럽게 높아진다.

일부 회사는 조직 인수를 통해 이 근육을 만드는 과정을 건너뛸 수 있다. 아펜은 사업의 핵심 목표를 기술 통합과 AI 리더십으로 결정하고 최고기술책임자와 소규모 팀을 꾸려 전사적 AI 근육을 만드는 작업을 시작했다. 그러나 몇 달 뒤 한 회사를 인수하게 됐다. 긴 과정을 단축할 수 있는 많은 역량과 인력, 기술을 보유한 회사였다. 긴 AI 여정을 시작하기 위해 채용된 초기 팀은 초점을 바꿔 이미 만들어진 AI기술팀을 필요한 기존 사업에 통합해 발전시켜 나가기로 했다.

아펜의 사례는 문제를 창의적으로 생각하고 기회를 활용하여 과정을 단축할 수 있다는 것을 보여준다. 모든 상황에 맞는 답은 없다. 회사가 제각기 다르므로 각자의 방식으로 달성할 수 있을 것이다.

물론 이 과정은 어렵다. 시간도 걸리고 막대한 투자도 필요하다. 기업의 조직 체제를 바꾸고, 보고 체계를 다시 조직하고, 우선순위를 재조정하기란 절대 쉽지 않다. 희생양이 필요할 수도 있다. 장기적인 관점이 필요하고 방해나 혼란도 있겠지만, 잘 해낼 수 있고 그럴 만한 가치도 충분하다.

아마존과 뉴욕타임스도 전환 과정을 거치는 데 수 년이 걸렸다. 그렇게 해서 지금은 업계 리더 자리를 굳건히 유지하고 있다. 문제와 기회가 생길 때마다 비즈니스 전반에 걸쳐 새로운 AI 솔루션을 구현할 수 있는 인프라와 문화를 구축한 덕분이다.

이러한 변화를 추진할 때 진행 상황을 점검해야 한다. 몇 개의 AI모델을 실제 업무 환경에서 활용하고 있는지, 모델이 얼마나 자주 사용되는지, 얼마 만에 업데이트되는지 주기적으로 확인해야 한다. 이를 종합하면 전체적인 진행 상황을 파악할 수 있다.

실제 사용하고 있는 AI모델이 1초당 수백 번 사용되지만 한 번도 업데이트되지 않았다면 위험에 노출될 가능성이 크다. 해당 데이터 모델과 데이터 소스에 대한 데이터 거버넌스를 점검하고 업데이트 해야 한다. 만약 뉴욕타임스 사례에서 콘텐츠 모더레이션 시스템을 배포했지만 아무도 댓글을 달지 않는다면 모델이 많이 사용되지 못했을 것이고 뭔가 문제가 있다는 의미다. 모델의 절대적인 수는 회사나 사용 사례에 따라 달라지겠지만, 적극적으로 활용하고 유지 관리되며 성숙한 모델의 수가 늘어날수록 올바른 방향으로 가고 있음을 나타낼 것이다.

모델이 만들어지고 사용되고 유지 관리되더라도 일은 끝나지 않는다. 비즈니스와 고객, 제품과 생성되는 데이터는 계속 변화할 것이다. 시간이 지남에 따라 AI가 변화에 적응할 수 있는 일관된 데이터 전략이 없으면 세계 수준의 AI는 구축할 수 없다.

9장 AI 성숙도를 높이는 과정

도전은 위협적이기보다 흥미진진한 것이다.
그러니 약점이 드러날 것을 걱정하기보다 성장할 기회가 생겼다고 생각하자.

- 캐럴 드웩(스탠퍼드 대학 심리학과 교수)

2018년 플로리다주에서 고속도로에 진입하려고 천천히 좌회전하던 거대한 화물차에 오토파일럿으로 주행하던 테슬라 모델3 자동차가 돌진했다. 주행 방향과 수직으로 서 있던 거대한 벽 같은 화물차에 부딪힌 모델3의 지붕은 찢기고 운전자는 사망했다.

분석 결과에 따르면 테슬라의 오토파일럿 시스템이 제동을 걸지 않았고 충돌 전에 운전자에게 경고하지 않은 것으로 나타났다. 테슬라는 차량 센서가 화물차의 거대한 하얀색 측면을 밝게 빛나는 하늘로 착각해 속도를 줄이지 않은 것으로 보인다고 밝혔다.

오토파일럿은 고속도로의 교통 흐름에 수직으로 주차된 거대한 사물을 인식하는 법을 배우지 않았다. 이런 시나리오는 거의 일어나지 않았고 오토파일럿이 학습하는 데이터세트는 이런 상황을 제대로 다룰 만큼 다양하지 못했다. 사람이 운전했다면 서서히 브레이크를 밟아 정차하고 무슨 일이 생겼나 창으로 고개를 빼서 볼 만큼 흔치 않은 상황이었다.

테슬라가 축적한 데이터에는 자동차가 갑자기 차로를 변경하거나 급정차하는 케이스가 수백만 가지는 있을 것이다. 하지만 세미트레일러가 고속도로를 가로막고 수직으로 서행하는 일은 기껏해야 일 년에 한 번 있을 법한 일이라 테슬라도 이런 데이터를 수집하기 위해 매번 현장에 있을 수는 없다.

테슬라 데이터에는 이와 같은 이상치Outlier가 포함되어 있지 않기 때문에 모델은 치명적인 결과를 불러올 만큼 불완전했다. 일반적으로 머신러닝은 예외와 이상치 때문에 큰 어려움을 겪는다. 잘 설계된 AI 시스템에는 이상치 시나리오를 처리할 때 머신러닝에 의존하지 않는 대비책이 있다.

생명의 위험과 직결되지 않는 경우라고 해도 데이터 완전성은 달성하기 쉽지 않다. 자동차 충돌 사고는 대낮보다 밤이나 악천후에서 더 자주 발생한다. 그래서 자율주행 시스템은 이런 맥락에서 위험한 시나리오를 인식하는 훈련을 철저히 해야 한다. 그런데 이런 상황에서 운전하는 것은 위험하므로 사람들은 보통 야간 운전을 꺼리는 편이다. 따라서 학습에 이용할 수 있는 다양한 데이터가 훨씬 적을 수밖에 없고 머신러닝에 더 큰 어려움이 따른다.

이 문제는 자율주행차에 국한되지 않는다. 예컨대 신용카드 회사는 안정적으로 사기 거래를 탐지하도록 모델을 학습시키기에 충분한 사례를 수집하는 데 어려움을 겪는다. 대부분 거래에 사기성이 없으며 사기 거래라고 해도 패턴이 다양해 규칙화하기 쉽지 않기 때문이다. 이처럼 기업이 데이터 완전성을 확보하는 것도 커다란 도전 과제다.

학습 데이터의 완전성을 높이기 위해 테슬라와 여러 테크 기업은 이제 특이 케이스에 집중하고 시뮬레이터로 만든 이상치 시나리오에 사용할 합성 데이터를 만든다. 변칙적인 상황이 발생하기 전에 예측한다는 점에서 이런 접근 방식은 불완전할 수 있지만, 사망 사고 같은 치명적인 결과로 이어질 수 있는 데이터의 구멍을 메우는 데 도움이 된다.

데이터에 주석을 달고 모델을 구축할 때 기반이 되는 전략과 결정을 자세히 설명하는 내부 사양 문서에는 모델이 지원해야 할 예상 특이 케이스들도 모두 포함해야 한다. 알려진 특이 케이스를 다루지 않을 계획이라면 그것도 문서로 남겨야 한다. 이런 결정을 명시적으로 문서화하지 않으면 데이터가 완전한지 확인하기 어렵다.

구글이 영상 검토 인력을 1만 명이나 뽑은 이유

2017년 구글은 엄청난 비난에 휩싸였다. 부모들이 유튜브 키즈 필터가 제대로 작동하지 않는 것을 발견했기 때문이다. 아이들에게 부적절한 콘텐츠를 차단할 목적으로 만든 필터인데 아이들이 좋아하는 캐릭터가 성적인 상황에 포함된 영상을 제대로 식별하거나 차단하지 못하고 있었다. 또 구글은 아동 착취적 발언과 혐오 발언, 극단주의적 표현을 포함한 유튜브 영상에 광고가 나타난다는 비판을 확인하고 즉시 광고를 내려야 했다.

구글은 이러한 문제들을 해결하기 위해 유해 콘텐츠를 수동으로 검열하는 수천 명의 콘텐츠 모더레이터를 고용했고 영상 검토 인력을 1만 명 이상으로 늘렸다. 이러한 물리적 노력과 함께 더 신속한 문제 해결을 위해서는 머신러닝이 필요했다.

유튜브는 머신러닝을 이용하여 문제가 있는 콘텐츠를 최대한 많이 식별했고, 인간 모더레이터들은 직접 콘텐츠를 제거하며 머신러닝 응용프로그램을 개선하는 데 사용할 수 있는 학습 데이터를 구축했다.

구글은 머신러닝 모델의 속도와 정확성을 높이면서 인간 모더레이터의 규모도 5배 늘렸다. 2018년 2분기에 영상 1,000만 개가 모더레이터에 의해 제거되었고 이 가운데 75%는 단 한 번의 조회 없이 삭제되었다. 현재 삭제 대상이 되는 극단주의 영상의 98%가 알고리즘에 의해 파악되고 극단주의 콘텐츠의 70%가 업로드된 지 8시간 안에 제거된다.

비즈니스 관점에서 유해한 콘텐츠와 그렇지 않은 콘텐츠 사이에 명확한 선을 긋기는 쉽지 않다. 콘텐츠의 성격이 계속 변하기 때문이다. 삭제 기준도 계속 검토하고 달라지기에 모니터하며 업데이트해야 한다.

AI모델은 완벽하지 않다. 유튜브는 모델의 신뢰 수준을 통과하지 못한 유해 콘텐츠 비중을 관리하기 위해 계획을 세워야 했다. 유튜브에서 발생한 문제의 규모 때문에 이 문제를 AI로 해결한 후에도 앞으로 10년 이상 매일 콘텐츠를 수동으로 검토할 인력 1만 명이 필요하다.

미리 일관성 있고 완전한 데이터 전략을 세우는 데 주의를 기울이지 않으면 기업이 곤란한 상황에 처하기도 하며 귀중한 콘텐츠인데도 원하는 성과를 거두지 못하게 된다. 데이터를 올바르게 다루기 위해 사전에 준비할 수 있는 5가지 주요 영역이 있다. 품질, 완전성, 보안, 거버넌스, 드리프트가 그것이다.

트렌치코트는 재킷인가 아닌가?

몇 년 전에 글로벌 패션기업과 AI 개발 작업을 진행한 적이 있다. 고객에게 더 나은 쇼핑 경험을 제공하려는 패션기업의 비즈니스 목표를 지원하는 일이었다.

구체적인 목표는 고객이 선택한 분야에 적합한 옷을 보여주는 것이었다. 이를테면 소비자가 웹사이트를 방문하여 '재킷'을 선택하면 고객의 취향과 금액대에 맞는 다양한 재킷을 보여주는 식이었다. 이를 위해 회사는 학습 데이터를 만들었고 수많은 제품의 사진을 찍어 일일이 손으로 주석을 달았다.

그런데 데이터를 살펴보면서 일부 사진을 '재킷' 태그와 연결하기가 꽤 모호하다는 사실을 알게 되었다. 나는 패션 전문가가 아니지만, 재킷이 무엇인지에 대한 상식적인 개념은 있다고 생각했다. 재킷 태그가 달린 이미지 중에는 내가 보기에 트렌치코트라고 생각하는 것들이 있었다. 하나는 스웨터 소재로 만들어진 재킷이라는데 나라면 스웨터라고 태그를 붙였을 법했다.

무엇이 재킷인가? 어디에 경계선을 그어야 할까? 이것은 그 회사가 명확히 정의하여 기록하고 문서로 남겨야 할 일이었다. 정확히 어떤 의류에 재킷이라는 태그를 달 수 있을까?

어느 쪽이든 하나의 데이터에 태그를 다는 방법에 대해 구체적으로 가이드라인을 설정하는 것이 중요하다. 재킷 사진처럼 간단한 데이터세트라고 생각하는 경우에도 서로 다른 해석이 존재한다. 주석이 너무 모호하거나 일관되지 않으면 AI모델은 의도한 비즈니스 결과를 얻을 수 없다.

재킷 사례처럼 범위가 좁고 관련성이 높으며 학습 데이터의 정확성을 높이기 위해 주석을 제대로 관리하지 않으면 결과는 나빠진다. 고객은 재킷을 검색했지만 AI모델은 재킷을 포함한 모든 종류의 웃옷을 결과로 보여줄 수 있다. 거의 모든 웃옷을 재킷으로 간주하도록 모델을 학습시켰기 때문이다. 고객 경험이 나빠지면 구매 전환율이 떨어지고 결국 프로젝트도 실패할 수밖에 없다.

뉘앙스의 차이와 허용 가능한 융통성의 범위

데이터에 모호함이 전혀 없어야 한다는 뜻은 아니다. 주석에 포함된 약간의 유연성은 때로 더 좋은 결과를 가져오기도 한다. 내가 스웨터 재킷을 본 순간 재킷이라기보다 스웨터라는 인상을 받았지만 개발자의 시선일 뿐 어떤 고객은 범위가 확장된 이미지가 반가울 수도 있다.

한번은 음성 비서 서비스를 제공하는 대기업과의 프로젝트에서 간단한 문장의 의도를 분류하는 작업을 진행하고 있었다. "오늘 날씨 어때?"라고 물어보면 이 문장이 '날씨' 카테고리에 해당하는 의도를 가진 것으로 분류했다. 이런 식으로 수학, 음악, 비즈니스, 미용 등 약 50개의 카테고리를 만들었다.

"샐리 미용실이 어디지?"라는 문장이 있었다. 나는 당연히 '비즈니스' 카테고리에 해당한다고 생각했다. 이 사람은 머리를 다듬을 매장을 찾고 있는 것이다. 그러나 팀의 다른 누군가는 머리를 다듬기 위함이니 '뷰티'가 맞는 범주라고 주장했다. 나는 이해가 되지 않았다. 음성 비서 서비스에 샐리 미용실을 묻고 있는 사람에게 미용팁이나 추천 헤어스타일을 제공한다면 시스템에 실망하거나 이용하지 않을 수 있다. 당시 나는 그 일에 속한 기술파트 팀원 중 유일한 여성이었고 내 의견은 팀이 성별 편향이 포함되지 않은 시스템을 구축하도록 돕는 데 중요한 실마리를 제공했다.

그래서 찾은 가장 좋은 방법은 그 문장을 두 가지 방식으로 분류하는 것이었다. 어떤 것을 선택해도 인간의 편향이 시스템에 녹아들 가능성이 있었다. 이것이 소수의 인원이 데이터 레이블링과 주석 작업을 하면 위험한 이유다. 좋은 품질의 데이터 주석은 다양한 사람들로 구성된 큰 규모의 그룹에서 만드는 것이 좋다. 성별, 인종, 연고지, 학력 등 저마다 보유한 다양성은 편향을 방지하고 특이 케이스를 발견하는 데 도움이 되기 때문이다.

주석 처리에서 융통성은 중요하다. 주석 처리 과정에 융통성이 있으면 특이한 케이스나 모호성이 표면화되고 사전에 해결할 수 있다. 가이드라인이 유연해야 하지만 그렇다고 주석이 의미가 없어질 정도로 유연하면 안 된다. 주석을 생성하는 사람들이 입력한 내용의 미묘한 뉘앙스의 차이를 발견할 수 있는 다양한 사람들로 구성됐는지 확인하자. 동시에 고객이 원하는 결과에 맞도록 주석을 입력할 수 있어야 한다.

데이터 품질 문제는 무엇이 '고품질'을 의미하는지 담당자가 적절하게 설명하지 못할 때 종종 발생할 수 있다. 따라서 프로젝트는 애플리케이션의 목표와 사용 사례를 깊이 파악하는 것부터 시작해야 한다. 거기서부터 역으로 거슬러올라가 고품질 데이터에 필요한 구체적인 기준을 정의해야 한다.

이것은 애플리케이션이 지원해야 하는 모든 비즈니스 목적을 포함하는 수백, 수천 가지의 특정 사용 사례를 일일이 문서화하는 것을 의미할 수 있다. 모든 사례를 하나씩 살펴보고 사례마다 적절한 결정이 이루어지도록 사업 승인을 받아야 한다. 이 일은 단순하고 지루하게 보이지만 여기에 들인 시간은 분명히 가치 있고 비용을 줄여줄 것이다.

필요한 기준들은 초기에 제품 매니저가 설정하겠지만 궁극적으로는 광범위한 이해관계자들이 참여해야 한다. 제품 매니저가 결정하는 초기 사항은 데이터 과학자, 디자이너, 다른 비즈니스 이해관계자나 경영진을 포함한 크로스펑셔널 그룹에 의해 검증되어야 한다.

결국 무엇을 구축할 것인지 그리고 무엇을 제어하고 무엇은 제어하지 않을 것인지를 설명하는 문서가 작성될 것이다. 문제에 따라 기본 결정 사항이 몇 문장으로 설명될 만큼 간단할 수 있지만, 대부분 현실에 적용하려면 훨씬 더 구체적인 내용이 필요하다.

이런 결정은 사용 사례에 따라 세부적인 수준에 차이가 있을 수 있다. 컴퓨터 비전 인식 AI모델의 경우, 가정용 보안 시스템이라면 소수의 가족을 보호하고 잠재적 침입자를 식별해야 하므로 매우 명확하고 상세해야 한다. 하지만 소셜미디어 이미지에서 다수의 사람을 식별하는 애플리케이션이라면 좀 더 느슨할 수 있다.

일단 결정 사항을 문서로 만들었으면 애플리케이션 개발을 담당하는 사람이 몇 명이든지 이를 확장해서 적용해야 한다. 설명서가 아무리 자세해도 오해할 수 있기 때문에 주석 담당자를 교육하는 것도 매우 중요하다. 실제 데이터세트로 작업을 시작하기 전 몇 가지 모호성이 불거지는 특정 케이스를 공유해야 한다. 그리고 문서화된 결정 사항을 해석하는 사업적 맥락도 공유해야 한다,

고객이 약관에 동의했어도 뭐든 할 수 있는 것은 아니다

인기 있는 한 온라인 안경 업체는 어떻게 하면 오프라인 업체가 제공하는 서비스를 자신들도 제공할 수 있을지 고민이었다. 고객은 일반 안경점에서 안경을 사듯 여러 개의 안경을 써보고 거울을 보면서 확인하고 싶어 한다. 이 온라인 기업의 큰

숙제 중 하나는 매일 사용할 물건을 실제 착용해보지 않고 구매해야 하므로 망설이는 고객을 설득하는 일이었다.

이런 저항을 극복하기 위해 회사는 고객이 휴대전화 카메라를 이용해 가상으로 안경을 착용해볼 수 있는 증강현실을 모바일 앱에 구현하기로 했다. 그러려면 사람들의 얼굴이 들어 있는 방대한 데이터세트에 얼굴의 특성을 파악하고 다양한 형태의 얼굴 위에 안경을 어떤 위치에 어떻게 올려놓을지 주석을 입력해야 했다.

프로젝트에 착수할 때 보안이 가장 큰 이슈였다. 주석 작업을 하는 데이터가 유출되면 경쟁사들에게 진행 중인 프로젝트의 실마리를 제공하여 사업이 피해를 볼 수 있었다. 이 기업은 어려운 문제를 해결해 혁신적인 것을 만들려고 시도하는 중이었다. 하지만 데이터가 알려지면 경쟁사들도 같은 일에 착수할 것이고 업계에서 경쟁 우위는 사라질 것이었다.

데이터 유출은 개인 정보 보호 문제도 일으킬 수 있다. 앞서 언급했듯이 민감한 데이터가 새어나가면 비록 회사가 법적 책임을 면한다고 해도 신뢰에 문제가 발생할 수 있다. 페이스북 회원 약관처럼 고객이 올린 이미지를 회사가 재배포할 권리가 있다고 미리 공지할 수도 있다.

하지만 나와 친구들의 얼굴이 동의 없이 광고판에 나타나기 시작한다면 대중의 심각한 반발을 얻을 것이다. 나의 오랜 경험상 개인 정보 보호 문제에 관해 유념해야 할 것은 법적으로 할 수 있다고 해서 반드시 해도 되는 것은 아니라는 것이다.

데이터 사용에 대한 제약과 함께 준수해야 하는 법규나 산업 표준을 문서화하는 것이 중요하다. 이런 점을 미리 알고 있으면 나중에 규정 준수에서 벗어나는 위험을 판단할 수 있다. 예컨대 법적으로 선택 가능한 업계 표준을 무시하고 싶겠지만, 시장 진입이 제한될 수 있다. 최종 목표 달성을 위해 계획을 세우기 전에 미리 윤리적·법적 윤곽을 정해야 한다.

2,700억 원의 벌금을 낸 영국항공, 거버넌스의 중요성

2019년 영국항공은 데이터 침해로 1억 8,300만 파운드의 벌금을 부과받았다. 해킹으로 고객 약 50만 명의 개인 식별 정보가 유출됐기 때문이다. 당시 개정된 새로운 개인 정보 보호법으로 회사에 글로벌 매출의 최대 4%까지 벌금을 부과할 수 있었고 영국항공은 한화로 약 2,700억 원의 막대한 벌금을 내야 했다. 영국항공의 거버넌스의 부재로 회사가 초래한 느슨한 보안이나 법적 책임을 규정하지 않았기 때문에 뼈저린 대가를 치러야 했다.

앞서 언급했듯이 데이터는 새로운 지식 재산이다. 회사의 매우 중요한 자산이므로 그에 따라 사용 관리를 철저히 해야 한다. 그렇지 않으면 데이터 불일치와 오용으로 심각한 문제가 발생할 수 있다. 거버넌스를 효과적으로 운영하는 기업은 데이터를 수집, 변형, 사용하는 방법 등에 관한 내부 정책을 세워 신뢰할 수 있는 데이터를 보유하며 사용 방법을 명확하게 규정해놓았다.

거버넌스 프로그램은 회사의 규모와 AI 성숙도, 데이터 프로세스의 복잡성에 따라 조정하는 것이 좋다. 거버넌스는 거대하고 정교할 수도 있고 작고 단순할 수도 있다. 회사 규모에 상관없이 거버넌스 프레임워크의 성공은 경영진의 의지에 달려 있다. 대기업에서는 최고데이터책임자를 임명할 수도 있고 작은 회사에서는 최고기술책임자나 최고제품책임자에게 이 역할을 맡길 수도 있다.

어느 경우든 회사 경영진 모두가 공개적으로 책임자를 지지해야 한다. 기업 문화의 일부로 좋은 거버넌스 사고방식을 장려하는 것도 중요하다. 거버넌스를 실행하는 것은 구성원 모두의 책임이기 때문이다.

대기업이라면 특히 전담 데이터 거버넌스팀을 구성하여 데이터 품질과 문서 작업을 관리하고 구체적인 행동으로 옮겨야 한다. 효율적인 거버넌스는 회사 전체에 적용되고 팀 간에 조율이 필요하다. 대기업에서 부서마다 책임자를 배정하기에는 너무 큰 업무가 될 것이다.

전담팀에 드는 비용을 감당할 수 없는 작은 회사는 몇 가지 기본 원칙을 정하여 훨씬 가벼운 프로세스를 구현할 수 있다. 규모는 작더라도 회사 전체의 비즈니스 과정에서 데이터 품질과 보안에 주의를 기울여야 한다.

또 데이터세트의 내용과 수집된 방식, 그 과정에서 단계별로 적용된 변형 히스토리까지 데이터의 전체적인 관리 연속성을 문서로 작성해야 한다. 문서로 남기지 않으면 이 데이터에 의존하여 구축되는 모델은 데이터가 어떻게 처리되었는지 알 수 없다. 결국 모델의 결과가 일관성이 없거나 완전히 틀릴 수 있다.

2011년 제러미 하워드는 멜버른 대학교가 정부 보조금 신청 성공 여부를 예측할 수 있는 모델을 구축하여 세계 최대의 데이터 분석대회인 캐글에서 우승했다. 그는 솔루션을 구축하기 위해 랜덤 포레스트 알고리즘을 사용하여 보조금 승인에 가장 많이 기여하는 데이터 항목을 식별했다.

안타깝게도 제레미는 주최측에서 지원한 데이터가 원래 상태에서 약간 변형되었다는 사실을 알지 못했다. 보조금 신청서에 아무것도 써넣지 않은 항목이 데이터가 없는 것이 아니라 공백null 값을 가진 것으로 처리되었다. 그 결과 보조금 승인에 가장 중요한 요인이 공백값이 입력된 항목의 개수라고 나타났다. 모델 규칙을 설명하는 방식에서 기술적으로는 의의를 인정받아 대회에서 우승했지만 실제 보조금 승인 과정과 관련이 없었기 때문에 이 솔루션은 멜버른 대학교에 아무

쓸모가 없었다. 데이터가 '정제'된 것은 도움이 될만한 일이지만 제러미는 그 사실을 몰랐기 때문에 결론을 도출하고도 쓸모없는 모델을 만들게 되었다.

관리 연속성을 문서로 작성하고 관리하는 일은 보안에도 중요하다. 누가 데이터세트를 읽을 수 있고 누가 수정할 수 있는지 모든 단계가 매우 명확해야 한다. 데이터 유출을 방지하는 것 외에 법률 준수 여부를 확인할 때도 매우 중요하다.

작은 기업이라고 해서 작게 시작하는 것을 두려워할 필요는 없다. 아무것도 하지 않는 것보다 낫다. 광범위한 하향식 투자나 전략 없이도 회사는 개별 직원의 노력을 통해 강력한 거버넌스를 개발할 수 있다. 지금 이런 상황에 있다면 담당자와 의논하여 이 문제를 진전시킬 방법을 찾아보자. 모델 학습에 사용하는 데이터를 기록하는 것처럼 작은 일일지라도 회사를 더 나은 곳으로 만들 것이다.

1년 만에 바뀐 트럼프의 의미, 드리프트 모니터링

2016년 4월 페이스북은 페이스북 라이브라는 새로운 기능을 소개했다. 이용자들은 페이스북에서 녹음과 방송을 할 수 있게 되었다. 회사가 특별한 사용 목적을 염두에 둔 것은 아니었다. 일반적인 영상 업로드 기능에 추가하면 좋을 것으로 생각했고 사람들이 이 기능을 어떻게 사용할지 지켜보려 했다. 이런 생각에서 회사는 라이브 영상이 아닐 때 적용했던 기존의 콘텐츠 모더레이션 필터를 배포했다.

유감스럽게도 2019년 한 남성이 이 기능을 사용하여 뉴질랜드 크라이스트처치의 한 모스크에서 수십 명의 사람을 학살하는 자신의 모습을 생중계했다. 그는 페이스북이 이 상황을 인지하고 기능을 중단시킬 때까지 17분 동안 끔찍한 장면을 방송으로 내보냈다.

페이스북의 영상용 콘텐츠 모더레이션 필터는 이를 잡아내지 못했다. 이런 종류의 끔찍한 콘텐츠가 만들어질지 예상하지 못했기 때문이었다. 과거에 콘텐츠 모더레이션 필터와 모델을 학습할 때 사용했던 데이터는 새롭게 시스템에 들어온 입력값을 정확하게 인식하지 못했다. 이전에 시각적으로 구성되었던 방식과 실질적으로 다른 새로운 일이 세상에 일어난 것이다.

2016년 미국 대통령 선거 이전 '트럼프trump'라는 단어는 영어에서 특별한 의미가 있었다. 경쟁에서 이기거나 대회에서 1등을 차지한다는 뜻으로 자주 쓰였다. 하지만 2016년 선거 기간이 시작되면서 공화당 대통령 후보이자 대통령으로 당선된 사람의 이름으로 사용되는 일이 훨씬 흔해졌다.

뉴스와 소셜미디어에서 데이터를 분류하는 모든 감성, 의도, 자연어 처리 모델을 서둘러 재학습해야 했다. 일상 대화에서 이 단어의 사용이 너무 갑작스럽고 극적으로 바뀌었기 때문이다.

오래 가는 AI를 위한 관리 기술

데이터 내용이 변경됨에 따라 모델 성능이 저하되는 데이터 드리프트를 확인하려면 최소한 한 달에 한 번은 모델을 갱신하는 것이 좋다. (사용 사례에 따라 주기가 길어질 수 있지만, 일부 모델은 매일 업데이트되기도 한다.)

일반적으로 드리프트는 확장 결과로 나타난다. 모델 사용 범위가 늘어날수록 입력 가능한 데이터가 원래 학습 데이터 범위를 자연스럽게 벗어난다. 또한 드리프트는 크라이스트처치 총격 사건이나 2016년 미국 대통령 선거처럼 주요한 사건의 결과로 나타날 수 있다.

데이터 거버넌스가 우수하더라도 데이터는 일반적인 업데이트 주기보다 빨리 바뀔 수 있다. 데이터 거버넌스는 일관되지 않게 적용되는 경우가 많다. 많은 모델이 정기적인 업데이트와 재학습을 위한 책임 있는 계획 없이 업무 현장에서 사용된다.

'모델 드리프트'는 AI모델에서 일반적으로 나타나는 현상이다

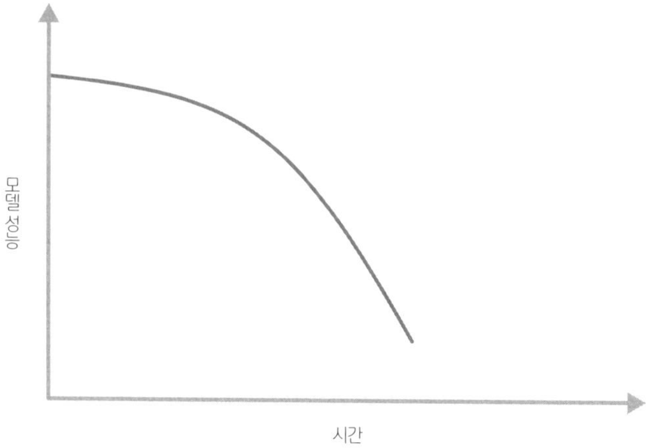

학습 데이터를 갱신할수록 최적의 모델 성능을 유지할 수 있다

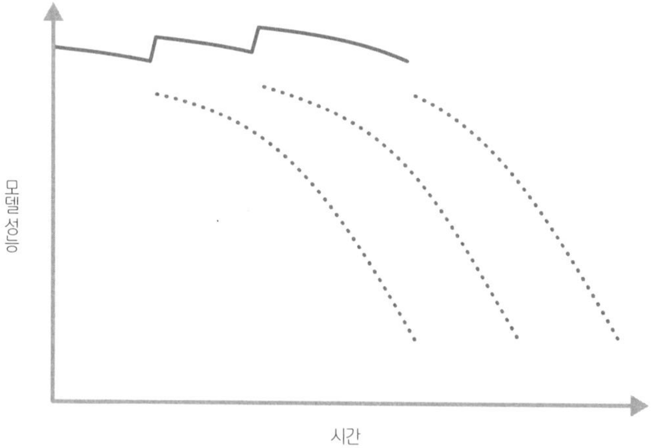

시간이 흐르면 변화가 생기는 것이 당연하다. 그러므로 반복하고 학습하는 프로세스를 배치하는 것이 필요하다. 시간이 지날수록 인간은 경험을 바탕으로 더 나은 결정을 내리는 법을 배우는 것처럼 AI모델도 새롭고 달라지는 정보가 있을 때마다 학습하고 개선되어야 한다.

모든 IT 부서는 권한 하에 있는 인프라와 소프트웨어의 성능을 모니터하지만 많은 기업이 AI 제품을 출시하고 나면 성능 모니터링을 소홀히 한다. 앞에서 살펴본 것처럼 데이터와 모델은 드리프트 될 수 있기 때문에 모델의 성능을 계속 모니터하는 팀과 프로세스를 마련하는 것이 중요하다.

드리프트 모니터링 책임은 한 부서에서 담당할 수 있지만, 비즈니스의 모든 영역에서 모니터하는 것이 바람직하다. 데이터 과학자는 AI모델의 기술적 측면을 살필 수 있고 사업 담당자는 더 높은 수준의 사업 성과를 관찰할 수 있다. 그리고 처음부터 전략에 정기적인 모델 성능 검사를 포함시키는 것이 중요하다.

AI에 새로운 개념이 도입되면 의사결정 기준 또한 유연하게 적응하는 방법을 배우도록 설계되어야 한다. 완성품이 배포됐어도 상황이 바뀌거나 의미가 달라질 수 있다는 전제 하에서 시작하는 것이 중요하다. 그렇게 함으로써 변화에 대한 유연성과 적응력을 기를 수 있다.

경우에 상관없이 사실 해결하기 어려운 문제다. 유튜브는 엄청난 예산과 최고 수준의 AI기술이 있지만, 피드백 루프에 여전히 많은 인력을 동원해야 했다. 반복과 끈기가 필요한 일이지만 처음부터 책임 있고 적응할 수 있는 데이터 전략을 세우기 위해 노력한다면 앞으로 만날 수밖에 없는 변화에 대처하는 유리한 고지를 차지할 수 있을 것이다.

10장 AI, 개발할까 구매할까?

인공지능이 우리에게 열등감을 느끼게 할 것이라고 걱정하는 사람도 있지만,
그렇다면 꽃을 볼 때마다 열등감을 가져야 한다.

-앨런 케이(미국 전산학자, 객체 지향 프로그래밍 및 사용자 인터페이스 디자인 분야의 선구자)

AI를 조직에 도입할 때 가장 큰 고민은 AI모델을 내부 인력으로 구축할 것인지 아니면 외부 공급업체에서 구성요소를 구매해 비즈니스에 통합할 것인지에 관한 것이다. 기업 내부에서 AI 시스템을 구축하려면 조직 내부에서 다음 단계들을 수행할 수 있어야 한다.

- 학습 데이터 획득
- 학습 데이터 레이블링
- AI모델 학습
- 오프라인에서 모델 검증
- AI모델 배포
- 모델 성능 A/B 테스트 (선택사항)
- 업무 환경에서 AI모델 모니터링
- 정기적인 AI모델 갱신 (선택사항)

AI 구축 과정

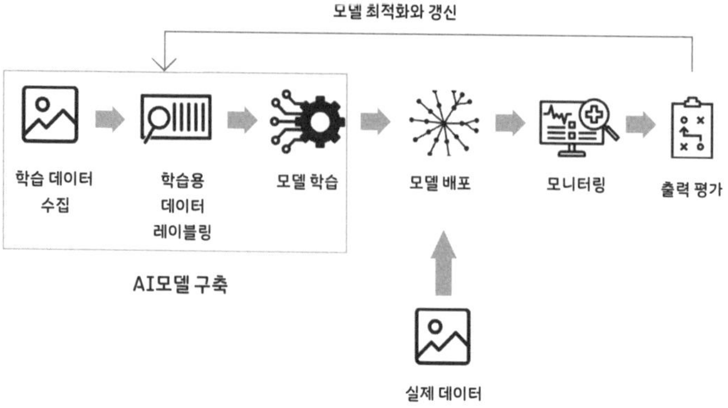

또한 성공적으로 AI 시스템을 구축하려면 다음과 같은 기술적인 구성요소도 필요하다.

- **데이터 수집과 레이블링 플랫폼** 학습 데이터를 수집하고 주석을 입력하기 위해 사용하는 플랫폼이다.
- **학습 데이터 관리 플랫폼** 모든 학습 데이터를 보관하고 관리하는 플랫폼이다. 학습 데이터는 외부 업체(예: 전문업체에서 수집한 이미지 데이터)나 내부 데이터(예: 데이터 웨어하우스의 트랜잭션 데이터)에서 얻을 수 있다. 이 플랫폼은 회사 내부 데이터 레이크(가공되지 않은 상태로 저장되어 접근이 가능한 엄청난 양의 데이터)나 데이터 웨어하우스의 일부이거나 이와 밀접하게 통합되어 있다.

- **머신러닝 학습 플랫폼** 머신러닝 모델을 학습하고 디버그하는 플랫폼이다. 텐서플로나 파이토치 같은 프레임워크나 도구를 사용할 수 있고, 학습 데이터 관리 플랫폼과 연결하여 데이터를 도구에 공급하고 모델을 디버그하고 오프라인으로 모델 성능을 검증할 수 있다.
- **머신러닝 추론 플랫폼** 머신러닝 모델을 배포하고 예측 작업을 수행하는 플랫폼이다. 다른 애플리케이션과 실시간 API 호출을 통해 상호작용할 수 있는 환경일 수도 있고 운영 담당자가 비실시간으로 배치 작업을 하는 환경일 수도 있다.
- **특성 저장소**Feature Store 머신러닝 모델이 실시간 특성 데이터를 받아 이를 입력값으로 모델 예측을 수행하는 장소.
- **ML옵스 시스템** 데브옵스팀이 모델을 배포하고 갱신하거나 모델 성능을 모니터할 때 사용하는 시스템이다.

상황에 따라 AI 컴포넌트(구성요소)를 구매해 적용하는 편이 효율적일 수도 있다. 머신러닝을 성공적으로 구현하는 데 필요한 모든 구성요소를 가볍게 생각할 수 없지만 그렇다고 기성 제품 가운데 완제품을 구매할 수도 없다. 필요한 전체 시스템을 제공하는 원스톱 매장은 없다. 회사는 AI 솔루션을 지원하는 구성요소에 투자해야 하고 실무자는 무엇을 구매할지 신중하게 전략을 세워야 한다.

구매 전략의 첫째 단계에서는 회사가 고객에게 제공하려는 핵심 가치를 생각해야 한다. 고객이 경쟁사를 제치고 우리와 거래할 때 가치 있게 생각하거나 소중히 여기는 요소는 무엇인가? 고객은 우리가 하는 일을 왜 스스로 하지 않는가? 등의 질문에 답해야 한다.

핵심 가치는 후속 프로젝트에서도 모두 이어져야 한다. 가치는 기술을 평가할 때 무엇이 핵심이고 아닌지를 결정하는 길잡이가 될 것이다. 시장에서 독보적인 경쟁 우위를 갖고 싶다면 조직 내부에서 구축하는 편이 좋을 것이다. 반면에 고객에게 즉시 서비스를 제공하는 데 초점을 맞추면 구매하는 편이 합리적일 수 있다. 설령 경쟁사가 같은 제품을 구매하더라도 데이터의 품질과 가치를 시장 수준에 맞게 유지함으로써 리스크를 완화할 수 있다.

앞서 스웨터 재킷 사례에서 언급했던 패션업체를 생각해보자. 고객에게 더 높은 가치를 제공하기 위해 AI 솔루션을 구현할 때 처음부터 AI기술 인프라 구축에 많은 시간과 비용을 들인다면 잘못된 선택이다. 그들의 핵심 역량인 패션과 아무 상관이 없기 때문이다. 경쟁사보다 우위를 차지하거나 브랜드를 강화하지도 못한다. 이 경우 인프라는 기성품 솔루션으로 구매하는 편이 낫다.

애플의 페이스ID가 불러온 문제

애플 브랜드의 핵심 요소 중 하나는 보안이다. 사람들이 안드로이드 스마트폰 대신 아이폰을 구매하는 이유 중 하나는 애플이 보안과 개인정보를 중요하게 다룬다고 인식하기 때문이다.

아이폰의 포토앱은 얼굴 인식을 사용하여 사진 속 인물을 식별하고 그에 따라 사진들을 구성한다. 기능에 오류가 생겨 사용자를 그 사람의 자매나 엄마로 잘못 인식하면 재미있는 불편함이 생기기는 하지만 실제로 큰 피해가 발생하지는 않는다.

머신러닝 알고리즘이 사진 속에서 자매들을 어떻게 혼동했을지는 이해하기 쉽다. 하지만 애플이 휴대전화 잠금 해제 방법으로 페이스ID를 도입했을 때 자매나 형제의 얼굴로도 잠금 해제가 된다는 것에 많은 사용자가 실망했다. 실제 사용된 기술은 포토앱과 비슷했지만 사용자들은 실망하고 분노했다. 이 일은 애플 브랜드의 핵심인 보안에 큰 타격을 입혔다.*

애플이 이런 기능을 지원하는 기술을 개발했는지 아니면 사들였는지는 밝히지 않았다. 어쨌든 페이스ID를 구동하는

---

* Dickey, Megan Rose. "PSA: Don't Train Face ID on Your Sibling's Face Accidentally." *TechCrunch*, 5 Nov. 2017

모델을 정밀하게 인식해 제어하는 것이 관건일 것이다. 로그인처럼 보안에 민감한 기능일수록 애플 브랜드에 직접 영향을 미치기 때문이다.

이처럼 핵심 사업에 영향을 줄 수 있어도 기업이 AI 구성 요소를 기성품으로 구매하는 데는 여러 가지 이유가 있다. 경쟁사가 비슷한 사업을 추진한다는 소식을 들으면 기업은 시장 출시일을 앞당겨야 하는 경우도 있다. 또는 처음부터 인프라를 구축하려면 엄청난 비용이 들기 때문일 수도 있다.

야후가 이와 비슷한 결정을 했을 때 우려한 것은 회사 내의 머신러닝팀이 핵심 검색 기능을 담당할 만큼 충분한 인재를 뽑아야 하는데 이를 감당할 수 있을지였다. 단기간에 경쟁력을 높여야 하는 압력에 직면했을 때 야후는 핵심 사업인 검색 분야에 투자를 중단하기로 했다. 그 결과 야후는 구글에 검색 분야의 선두 자리를 내어주게 되고 몰락의 길을 걷게 된다.

개발을 할지 구매를 할지 판단해야 할 때, 해결할 문제의 전략적 가치와 함께 자신들의 문제와 상황도 파악해야 한다. 개발하든 구매하든 돈과 투자가 필요하기에 예산을 파악해야 한다. 결정할 수 있는 시간이 얼마나 주어졌는지도 확인하고 긴급성도 고려해야 한다. 출시 기간을 단축하는 것이 우선순위일 수도 있다. 도입을 고민만 하고 문제를 해결하지 않는 기회비용이 클 수도 있다. 개발과 구축, 어느 쪽이든 시간이 걸린다. 하지만 직접 구축하는 데 걸리는 시간의 절반으로 컴포

넌트를 구입해 AI를 구현할 수도 있다.

또한, 솔루션의 품질을 직접 파악할 수 있어야 한다. 기성 제품을 구매해도 품질을 평가해야 한다. 외부 공급업체의 제품을 구매해 비즈니스에 통합할 때 보안 문제도 염두에 두어야 한다. 사내에 상당한 높은 수준의 보안 시스템이 구축되지 않는 한, 안전하지 않은 외부 기능을 내부에 구축하면 이러한 위험에 쉽게 노출될 수 있다.

마지막으로 조직의 핵심 역량에 자원을 할당하는 것이 다른 프로젝트나 전략에 방해가 되지 않는지 고려해야 한다. 애플은 세상에서 가장 뛰어난 얼굴 인식 보안 시스템을 개발하는 데 엄청난 자원을 투입할 수 있었지만, 그것이 회사의 핵심 제품을 개발하는 사업의 집중도와 속도를 분산시킬 수 있는지 고려했다.

구축하든 구매하든 가장 중요한 것

이 모든 고려 사항이 최종 결정에 영향을 미칠 것이다. 하지만 너무 걱정하지 않아도 된다. AI 공급망의 한 부분을 직접 개발하거나 구매한다고 해서 앞으로도 그렇게 해야 하는 것은 아니다. AI 솔루션의 일부는 개발하고 다른 구성요소들은 구매할 수 있다. 당신의 성공을 위해서는 많은 고민이 필요하지만 경쟁하는 우선순위를 다양한 방법으로 지원하면서 통합할 수 있다.

물론 인프라에서 데이터 파이프라인이나 데이터 웨어하우스도 중요하지만 가장 중요한 것은 데이터 그 자체다. 앞서 논의했듯이 데이터를 처리, 이동, 조직, 저장하는 방법과 함께 모델에 입력할 많은 데이터가 필요할 것이다. 매우 구체적인 요구사항이 있는 경우가 아니라면 여러 환경에서 사용 가능한 오픈 소스 및 상용 제품이 많이 출시돼 있다.

데이터 파이프라인과 통합될 모든 데이터에 주석을 입력할 수 있는 인프라도 필요하다. 때에 따라 입력된 주석은 모델이 비즈니스 가치를 제공하는 핵심적인 차별화 요인이 될 수 있고, 이 지식 재산을 보호하기 위해 인프라를 직접 구축해야 할 수도 있다. 이미 아펜 같은 전문 기업들은 데이터에 주석을 입력하는 프로세스와 지식뿐 아니라 데이터를 보호하는 보안 솔루션을 갖추고 있다.

다음으로 모델의 학습, 테스트, 호스팅을 조정하는 플랫폼도 필요하다. 아마존, 구글, 마이크로소프트 같은 주요 클라우드 플랫폼은 모두 자동으로 모델을 학습시키고 테스트하고 조정하고 배포할 수 있는 머신러닝 플랫폼을 제공한다. 직접 개발한 구성요소와 통합할 수 있는 쿠브플로Kubeflow처럼 전체 수명 주기를 관리하는 오픈소스 솔루션도 있다. 데이터브릭스 같은 전문업체는 더 정교한 맞춤형 솔루션을 제공한다.

인프라의 각 부분을 개발할지 아니면 구매할지 깊이 고민해야 하지만 미리 핵심 가치를 고려하고 해결하려는 문제의 가치를 이해하면 올바른 솔루션을 찾는 데 도움이 될 것이다. 다른 조건이 같다면 기업의 핵심 사업과 긴밀한 요소는 구축하고 나머지는 구매하는 편이 좋다.

에필로그

세상을 완벽하게 만드는 일은 당신의 책임이 아니다.
하지만 그 일을 그만둘 자유도 없다.

랍비 타르폰, 《탈무드》 중 피르케이 아보트 책 2장 21절

AI를 개념에서 현실로 가져오려면 견고한 전략을 세우고 적합한 조직을 구성해 올바른 파일럿 과제를 선택한 다음 현명하게 현장으로 확장해야 한다. 이제 이 책을 읽었으니 실행에 필요한 모든 것을 갖춘 셈이다.

이 책에서 설명한 기술과 조언을 실천에 옮기면 파일럿 프로젝트를 현장에서 구현하고, 실제 비즈니스 문제를 해결하며, 조직 전체에 AI가 무엇을 할 수 있는지 보여줄 가능성이 훨씬 커질 것이다. 동시에 장기적으로 AI 성공의 바탕이 되는 조직과 인프라를 구축하는 데 큰 걸음을 내딛게 될 것이다.

정교하고 사려 깊게 데이터를 선별하는 일은 AI 성공 운영에 결정적인 역할을 한다. 데이터를 신중하게 선별하고, 구체적인 비즈니스 요구사항을 충족하는 일에 올바른 데이터를 사용하고 있는지 확인해야 한다. 데이터는 책임 있게 구해 적용해야 한다. 시스템 안에 원치 않은 편향이 스며들지 않도록 데이터를 철저히 검토하는 것도 필요하다.

또한, 지속해서 접근할 수 있는 고품질의 학습 데이터를 확보하는 일이 필수적이다. 많은 사람이 AI에서 모델을 개발하는 것이 가장 어렵다고 생각하지만, 모델을 현장에 배포하고 시간이 흐를수록 성능이 저하되는 것을 지켜보면 이 생각이 얼마나 잘못되었는지를 깨닫는다. 모델을 둘러싼 세상이 변하면 모델도 계속 재학습해야 한다는 사실을 몰랐기 때문이다. 하지만 이제 우리는 함정을 피할 방법을 알게 됐다.

이 책을 읽고 기술적 배경이 없더라도 솔루션 구축에 직접 참여할 수 있는 자신감을 얻었기를 바란다. 비즈니스 담당자로서 당신의 참여는 조직의 성공에 절대적으로 중요하다. AI 프로젝트는 종종 실패하지만, 지금까지 살펴본 모범 사례들을 실천하면 비즈니스와 사용자, 나아가 사회에 도움이 되는 시스템을 시험하고 배포할 수 있을 것이다.

그리고 이 모든 노력과 함께 하는 높은 수준의 윤리적 문제에 대해서도 깊이 이해했기를 바란다. 머신러닝은 매우 강력한 기술이지만 무책임하게 사용하기도 쉽다. 비즈니스와 조직을 위해 AI 기술을 활용하기로 한 결정은 미래를 향해 걸음을 내딛는 일이지만, 이와 동시에 기술을 윤리적이고 현명하게 사용하는 데 필요한 작업도 성실히 해나가야 한다.

얻는 것보다 잃는 것이 많지 않으려면 불을 가지고 놀기 전에 불을 다루는 법을 배워야 한다.

머신러닝을 배포하는 동시에 편향도 같이 배포된다는 사실도 기억해야 한다. 기본적으로 AI모델을 만든다는 것은 인간 대신 판단할 크고 멋진 엔진에 편향과 의사결정을 인코딩하는 일이기 때문이다. 이런 엔진 개발에 참여할 때 우리에게는 책임 있게 행동해야 할 도덕적 의무가 있다. 이제 이 책을 읽었으니 올바른 방향으로 진행할 수 있는 기초를 쌓게 되었다.

이 모든 말이 걱정과 부담으로 들릴 수 있지만 AI를 두려워할 이유는 없다. AI는 마법이 아니지만 그렇다고 로켓 과학도 아니다. 올바른 팀과 협력하여 열심히 일하면 구현할 수 있는 것이다. 그것도 매우 잘할 수 있다. 이제 소매를 걷어 올리고 시작할 차례다!

AI 프로젝트에 대한 준비 상태를 확인하고 싶다면 다음 사이트를 방문해보라.

appen.com/ai-readiness-score

내 통장 사용설명서 3.0

목적에 맞게 돈이 차오르는
대한민국 필수 통장 7 완벽 활용법

지은이 이천 | 경제경영 · 재테크 | 값 16,000원

"월급 받는 사람이라면 반드시 알아야 하는 최소한의 재테크 가이드라인"

자산 관리는 결국 통장 선택의 문제다. 자산이 많은 고객도, 지금 갓 월급을 받은 신입사원도 결국에는 7개의 통장을 만들고 불리는 과정으로 귀결됐다. 자산의 뼈대를 세우는 월급통장, 예금·적금 통장부터 돈을 불리는 주식계좌, 집을 마련하고 노후를 준비하며 위험을 대비하는 청약, 보험, 연금까지, 상품의 바탕 지식부터 전략적 활용법까지 재테크를 시작하는 사람을 위한 눈높이 맞춤 지도서.

3인 가족 재테크 수업

부부와 외동아이, 돈에서 자유로워지는

지은이 이천 | 경제경영 · 재테크 | 값 14,500원

"아이는 하나인데 왜 돈은 더 많이 쓸까요?"

아이가 하나라 가족끼리 결속력도 크지만 리스크도 안고 있는 3인 가족. 대한민국 1세대 재무설계 전문가가 100여 케이스가 넘는 3인 가족과의 상담을 바탕으로 3인 가족이 반복하게 되는 함정과 반드시 준비해야 할 3가지 재무 이슈인 자녀교육비, 내집마련, 노후준비를 바탕으로 3인 가족의 행복을 만들어갈 현실적인 재무 설계 방법을 공개한다.

내 청약통장 사용설명서

청약통장은 있는데 청약은 모르는
3040 무주택자를 위한 내 집 마련의 기본

지은이 눈을떠요 |경제경영 · 재테크 | 값 14,600원

"청약통장, 언제까지 묵혀둘 건가요?"

시세보다 15~30% 저렴하게 새 아파트를 마련할 수 있는 가장 쉽고 안전한 방법, 청약. 청약통장은 만들어두었지만 쓰지 못하고 묵힌 돈만 아까워한다. 정부에서 실수요자를 위한 강력한 부동산 정책을 펴고 있는 지금, 내 집 마련을 고민하는 3040에게 최근 업데이트된 부동산 정책을 바탕으로 부동산의 기본 개념 정립부터 개인별 맞춤 청약 실전 전략까지 알려주는 친절한 내 집 마련 입문서.

탐나는 프리미엄 마케팅

비싸고 더 잘 팔리는 브랜드의 경험 설계 전략

지은이 최연미 | 경제경영 · 재테크 | 값 14,500원

"우리가 마케팅하면 시장 규칙이 바뀐다, 돈을 쏟아붓지 않아도"

비싼데도 사람들이 열광하는 브랜드는 어떻게 마케팅한 걸까? 기존에 없던 방식으로 새로운 시장을 발빠르게 개척하는 글로벌 브랜드들의 마케팅 설계도를 『탐나는 프리미엄 마케팅』에서 파헤친다. 두산그룹 전략팀, 두산매거진 〈GQ〉 브랜드매니저로 근무했고 한국에 쉐이크쉑을 성공적으로 론칭시킨 저자가 그간 경험하고 교류한 수많은 프리미엄 브랜드의 성공 공통분모를 찾아 이 책에서 풀어냈다.

잡지의 사생활

미감과 호기심, 대화와 물건으로 이루어진 매체를 서울에서 만드는 일에 대하여

지은이 박찬용 | 에세이 | 값 14,000원

"책보다 빠르고 신문보다 깊은 매체를 만드는 창의적 노동에 관하여"

욕망을 자극하는 화보부터 속 깊은 인터뷰, 차가운 칼럼까지, 월간 <에스콰이어> 피처 에디터였고 현재 매거진 <B> 에디터인 박찬용이 잡지를 만든 경험과 고민, 매체 안팎에 얽힌 궁금증, 잡지 에디터의 삶에 대해 이야기한다.

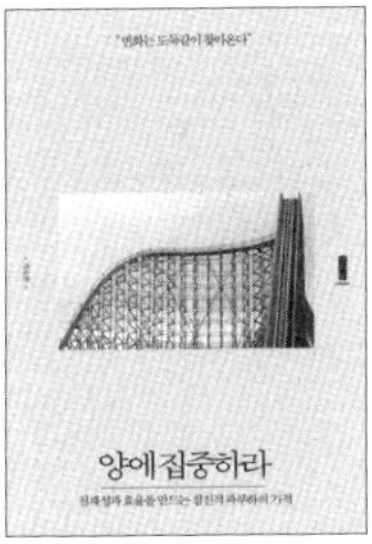

양에 집중하라

천재성과 효율을 만드는 점진적 과부하의 기적

지은이 박용환 | 인문 | 값 14,000원

"양量의 누적으로 세상을 바꾼 점진적 과부하의 파괴력을 밝히다"

효율·비효율의 좁은 시야에서 벗어나 역사적, 사회적 패러다임시프트를 일으킨 '평범한 사람들'의 생을 조명하고, 실패자 또는 퇴물에서 천재가 된 이들의 숨은 과정을 통해 효율성만 추구하는 현 세태에 우직한 한 걸음이 세상을 바꾼 방법론을 밝힌다.

나이 들면 즐거운 일이 없을 줄 알았습니다

단단하고 행복해지는 중년, 삶의 새로운 속도와 리듬

지은이 전윤정 | 에세이 | 값 14,000원

"나이 드는 몸 이야기 말고 나를 행복하게 해주는 방법이 이렇게 많았다니"

나이 먹으면 친구를 사귀지 못할 줄 알았고, 나이 먹으면 즐거운 일이 없을 줄 알았다. 하지만 삶은 예상치 못한 곳에 선물을 숨겨놓았다는 것을 알게 되었다. 여성·사회학적 관점을 바탕으로 변해가는 중년의 몸과 출렁이는 마음을 진단하고, 나다운 삶을 살아갈 지혜와 방법을 재치 있고 유머러스하게 전한다.

생활의 미학

비우며 발견하는 행복, 나와 친해지는 시간

지은이 고명한 | 에세이 | 값 13,500원

"삶의 본질은 밖이 아닌, 단순하고 반복적인 일상 안에서 찾는 것입니다"
네이버 블로거 '본질찾기'가 전하는 비움의 철학과 생활의 노하우

갖추지 않고도 풍요로운 삶을 살 수 있는 방법을 제안하고, 덜어냄으로써 다 갖추게 된 소박한 일상 속으로 우리를 초대한다. 키친타올 대신 안 입는 옷과 천을 잘라 쓰고, 장을 볼 때는 장바구니와 육류 보관통을 준비해 랩과 비닐 사용을 줄인다. 자연과 친해지며 지혜로워지는 인생을 궁리하는 삶을 공유한다.

나를 치유하는 부엌

삶의 허기를 채우는 평범한 식탁 위 따뜻한 심리학

지은이 고명한 | 에세이 | 값 15,000원

"세상 일은 예측 불가잖아, 하지만 요리는 확실해서 좋아"

2021 우수출판콘텐츠 선정작

네이버 인기 블로그 '본질찾기'의 운영자이자 고려대와 숙명여대에서 심리학을 가르치는 저자가 일상에서 마주하는 16가지 심리학 키워드를 고등어조림, 청국장, 삼계탕, 티라미수 케이크 등의 음식과 연결해 일상 속 위기의 근원을 파악하고 정신적 허기를 치유하는 지혜를 전한다.

어느날 중년이라는 청구서가 날아왔다

나를 흔드는 세상, 자존을 지키며 사는 법

지은이 고명한 | 에세이 | 값 13,000원

"우리는 조연이 되어가는 걸까"

중년에 닥쳐온 심리적 변이와 왜곡들을 털어놓고 이를 극복하기 위한 자신의 치유 방법, 즉 소유에서 벗어나는 삶을 제안한다. 대형 평수의 아파트부터 그릇, 옷까지 미약한 나의 자아를 덧칠하기 위한 소유의 덫에서 벗어나 적은 평수의 집에서, 필요 없는 물건을 선택하지 않을 지혜를 발휘하며 사계절 26벌의 옷만으로 '가난할 줄 아는' 삶을 엿보자.

당신은 AI를 개발하게 된다, 개발자가 아니더라도

지은이 | 얼리사 심프슨 로크워거, 윌슨 팡
옮긴이 | 이윤진

1판 1쇄 발행 | 2022년 3월 30일
펴낸이 | 이한나
교정교열 | 윤지수
일러스트 | Meg
디자인 | 김아름

펴낸곳 | 세이지(世利知)
등록 | 2016년 5월 16일 2016-000022호
대표전화 | 070-8115-3208
팩스 | 0303-3442-3208
메일 | booksage@naver.com
ISBN | 979-11-89797-14-0 03320

책값은 뒤표지에 있습니다.

잘못된 책은 구입한 곳에서 바꾸어 드립니다.